积极心理学

人生中容易被忽略的10种乐趣

周一帆◎著

台海出版社

图书在版编目(CIP)数据

积极心理学 / 周一帆著. — 北京：台海出版社，
2018.5

ISBN 978-7-5168-1863-3

Ⅰ.①积… Ⅱ.①周… Ⅲ.①普通心理学 Ⅳ.
①B84

中国版本图书馆 CIP 数据核字(2018)第 087075号

积极心理学

著　　者：周一帆
责任编辑：王　萍　曹任云
装帧设计：芒　果　　　　　版式设计：通联图文
责任校对：王　杰　　　　　责任印制：蔡　旭
出版发行：台海出版社
地　　址：北京市东城区景山东街 20 号　　邮政编码：100009
电　　话：010-64041652(发行,邮购)
传　　真：010-84045799(总编室)
网　　址：www.taimeng.org.cn/thcbs/default.htm
E－mail：thcbs@126.com

经　　销：全国各地新华书店
印　　刷：北京鑫瑞兴印刷有限公司
本书如有破损、缺页、装订错误,请与本社联系调换
开　　本：710mm×1000 mm　　　　1/16
字　　数：160 千字　　　　　印　　张：14
版　　次：2018 年 7 月第 1 版　　　印　　次：2018 年 7 月第 1 次印刷
书　　号：ISBN 978-7-5168-1863-3
定　　价：38.00 元

前｜言

1

美国著名心理学家塞利格曼在担任美国心理学会主席数月后的一天,与五岁的女儿在园子里播种。他的女儿叫尼奇。

塞利格曼虽然写了大量有关儿童的著作,但实际生活中跟孩子并不算太亲密,他平时很忙,有许多任务要完成,其实种地也只想快一点干完了。尼奇却手舞足蹈,将种子抛向天空。

塞利格曼叫她别乱来。女儿却跑过来对他说:"爸爸,我能与你谈谈吗?"

"当然。"他回答说。

"爸爸,你还记得我五岁生日吗?我从三岁到五岁一直都在抱怨,每天都要说这个不好那个不好,当我长到五岁时,我决定不再抱怨了,这是我做过的最困难的决定。如果我不抱怨了,你可以不再那样经常郁闷吗?"

塞利格曼脑中灵光一闪,仿佛出现了神灵的启示。他太了解尼奇的成长,太了解自己和自己的职业。他认识到,是尼奇自己矫正了自己的抱怨。他明白了,培养孩子不是盯着他身上的短处,而是认识并塑造他身上的最强,即他拥有的最美好的东西,将这些最优秀的品质,转化为促进每个人幸福生活的动力。

这一天,也改变了塞利格曼的生活。他过去的五十年都在阴郁的气氛中生活,心灵中有许多不高兴的情绪,而从那天开始,他决定让心灵充满阳光,让积极的情绪占据心灵的主导。

继而,塞利格曼将这种关心人的优秀品质和美好心灵的心理学,定位为积极心理学。

就这样,"积极心理学"诞生了,没有重大学术成果,但有个好的目标。

康普顿在其著作《积极心理学入门》中这样说道:"积极心理学家要去发现和培育天赋和才华,让日常生活更令人满意,而不仅仅是治疗心理疾病。"它倡导人类要用一种积极的心态来对人的许多心理现象和心理问题做出新的解读,并以此来激发每个人自身所固有的某些实际的或潜在的积极品质和积极力量,从而使每个人都能顺利地走向属于自己的幸福彼岸。

大多数人对积极理解有偏差。人们倾向于认为,积极是指一个人通过努力取得了成功,取得了显赫社会地位或经济地位,谈到积极首先想到社会精英,如著名演员、企业家、体育明星等。

其实,这种积极不是指人的外在的积极,而是内在积极,我们所说的积极,是人的一种出色的心理素质和生活态度。

积极状态虽然不排除外在的指标,一个处于积极状态的人可以拥有外在的高成绩和高分数,一个高的经济地位和社会地位,但积极状态主要不是指这些外在的东西,这只是一个人奋斗和机遇的结果。

积极状态,是指一个人所具有的出色的综合心理素质,是积极的人生态度。这种心理素质促使一个人热爱自己,热爱他人,热爱这个世界,拥有快乐和幸福。

幸福的奥秘是什么?现代人为什么经常不快乐?怎样保持生命的最佳状态?怎样拥有积极的精神、充满乐观的希望和散发着春天活力的心灵状态?

让积极心理学——为我们揭示。

本书精选了人生最常见的却容易被人忽略的10种乐趣,相信你结合积极心理学,了解这10种乐趣后,一定能超越自身的不快乐、狭隘、愤怒、嫉妒、恐惧、焦虑等消极心态,以更积极、更具建设性的情绪来面对生活的挑战!

目 | 录

　　每个人都想争取一个完满的人生。然而,正如苏东坡所言的"人有悲欢离合,月有阴晴圆缺,此事古难全"。积极心理学认为:不完美才是真正的人生。

　　积极心理学认为:如果你在经历切肤之痛后,采取别人难以想象的态度——宽容对方,那么,你的宽宏大量、光明磊落将使你的精神达到一个新的境界,你的人格会因此折射出高尚的光彩。

第三章　淡泊之乐——宁静致远,不贪名利 ·············· 47

积极心理学认为:低调不张扬的态度,能保持个体独立的人格和操守。不追求名利,不贪求功禄,过着简单而朴素的生活,心境才能达到安宁,从而实现远大的人生目标。

第四章　知足常乐——欲望极简,宠辱不惊 ·············· 67

积极心理学认为:欲望往往是祸患的根源,当我们懂得适可而止时,欲望就像一个洁白的天使,引领我们一步步走向成功;而当我们贪婪无度时,欲望就像一个丑恶的魔鬼,破坏我们的每一步行动。

第五章 天伦之乐——百善孝为先,家和万事兴 ·················· 87

因为有家,我们才得以安身立命;因为有家,我们的心灵才有一种归属感;也因为有家,我们才不惧怕一切艰难险阻。积极心理学认为,不管在这个世界怎样艰难,家庭是我们的一个栖身之所,一处立命之地。

第六章 朋友之乐——所交皆君子,同道方为朋 ··············· 113

积极心理学认为:人生离不开友谊,但要得到真正的友谊很不容易;友谊总需要忠诚去播种,用热情去灌溉,用原则去培养,用谅解去护理。

积极心理学认为:人和其他生命的最大不同之处,就在于人懂得利用自己的力量去改变所处的环境,而不是一味地屈服和等待外来的帮助。

积极心理学认为:行动是成功的必经之路。假如你连行动的前提都没有,那就谈不上成功。不管是什么样的道路,都要有一个开始,行动就是赋予成功的那个开始。

第一章

缺憾之乐

——人有悲欢离合,月有阴晴圆缺

　　每个人都想争取一个完满的人生。然而,正如苏东坡所言的"人有悲欢离合,月有阴晴圆缺,此事古难全"。积极心理学认为:不完美才是真正的人生。

1.世界并不完美,遗憾催人奋进

苦难是人生的一门必修课,没有人能够拒绝苦难。苦难袭来,我们无法逃避,因为这是上帝赐予我们的恩惠。

霍金十三四岁时已下定决心要从事物理学和天文学的研究。十七岁那年,他考取了自然科学的奖学金,顺利入读牛津大学。学士毕业后他转到剑桥大学攻读博士,研究宇宙学。

不久他发现自己患上了会导致肌肉萎缩的卢伽雷氏病。由于医生对此病束手无策,他打算放弃从事研究的理想,但后来病情恶化的速度减慢了,他便重拾心情,排除万难,从挫折中站起来,勇敢地面对这次不幸,继续醉心研究。

二十世纪七十年代,他和彭罗斯证明了著名的奇性定理,并在1988年共同获得沃尔夫物理奖。他还证明了黑洞的面积不会随时间减少。

1973年,他发现黑洞辐射的温度和其质量成反比,即黑洞会因为辐射而变小,但温度却会升高,最终会发生爆炸而消失。

二十世纪八十年代,他开始研究量子宇宙论。这时他的行动已经出现问题,后来由于得了肺炎而接受穿气管手术,使他从此再不能说话。

他全身瘫痪,要靠电动轮椅代替双脚,不但说话和写字要靠电脑和语言合成器帮忙,连阅读也要别人替他把每页纸摊平在桌上,让他驱动着轮椅逐页去看。

尽管如此,霍金仍然不放弃自己的研究,他在物理学方面取得了优秀的成绩,被誉为当今最杰出的科学家之一。他的著作包括《时间简史》及《黑洞、婴儿宇宙及其他》。

第一章 缺憾之乐
—— 人有悲欢离合，月有阴晴圆缺

霍金虽然十分不幸，有一个残缺的身体，但他在科学上的成就却是在病发后获得的。他凭着坚毅不屈的意志，战胜了疾病，创造了一个奇迹，也证明了残疾并非成功的障碍。

人的一生总会发生一些难以预料的事请，面对生活的不完美和不如意，我们既不能放弃自己，也不能苛求自己更完美。我们所能做的就是勇敢地接受自己不完美的现实，不抱怨，不懊恼，怀着一颗包容的心看待生活给我们的不如意。在轻松、满足的环境中我们才能生活得更好，刻意地追求完美只会使我们的生活越来越糟糕。

"没有最好的，只有更好的。"那些追求完美的人不仅对自己要求非常严格，对身边的人也是如此。他们往往接受不了自己或他人的缺点和不足，甚至因为一点小缺点而忽略了其他的优点。

事实上，我们每一个人都有缺点和不足，这是正常的，我们必须学会接受他们，顺其自然。如果非要和自然规律抗衡，必然是自讨苦吃。所谓"世界并不完美，人生当有不足"，留些遗憾，反倒可使人清醒，催人奋进。

美国第26任总统西奥多·罗斯福，小时候的他有着一副非常不招人喜欢的面孔，暴露在外、参差不齐的牙齿、畏首畏尾的神态，都成为别人嘲笑他的原因。因为他有气喘的毛病，所以当他在教室里被老师唤起来背书时，他的呼吸急促得好像快要断气似的，两腿站在那里直发抖，牙齿也颤动得像要脱落下来一样，显得局促不安。他背出的句子含糊不清，几乎没人听得懂，背完后，便颓然坐下，就像是疲惫不堪的战士突然获得了休息一样。

也许你以为他一定会性格内向、文静怕动、神经过敏、不喜交际、常常自怨自艾，但是你完全错了，他没有因这些缺陷而气馁，反而因为有了这些缺陷而加紧了他的奋斗，这种奋斗并不是谁都能做到的。他经过长期的坚持和学习，才把那常常被人鄙视的气喘变得平稳，把齿唇的颤动和内心的畏缩改成卓越的口才和自信的行动。

当他看见别的孩子在操场上嬉笑、跳跃、东奔西跑、做着种种激烈的运动时,他也踊跃参加,从不退让。他和大家一样骑马、赛球、游泳、竞走,而且常常名列前茅,成为业余的运动家。他常常以那些坚定勇敢的孩子们为榜样,也常常体验冒险的活动,勇敢地对付种种恶劣的环境。当他和别人在一起时,他总是用亲切和善的态度去对待任何同伴,主动与他们接近。这样一来,他即使有着内向的自怜心理,也被自己的行动克服了。他深知上帝从来没有创造一个完美的人,只要自己心境舒坦快乐,一切都将顺利得好像预先安排好的一般。

缺陷造就了罗斯福一生的奋斗精神,这无疑是他经营一生伟业最可贵的资本。他绝不把自己看作一个懦弱无能的人,在他升入大学前,就经常自我鞭策,用有节律的运动和生活打造了健康的体魄,使自己变成了精力超众、强健愉快的人。他常常在假期到亚历山大去追逐牛群、到洛杉矶去捕熊、到非洲去捉狮子,看到他那种勇敢强壮的姿态,谁还会想到他就是曾在学校里受人嘲笑的那个小学生呢?

西奥多·罗斯福因为有缺憾,才有了奋斗的动力,才有了坚韧的毅力,这一切,又给他带来了人生的转机,缺憾成就了他一生的功名。事情往往如此,越是有缺陷的地方,却容易迸发勃勃的生机。

事事追求完美是一个痛苦的过程,它就像是毒害我们心灵的药饵,会让我们在痛苦和纠结中浪费时间和精力。与其顾影自怜,不如像罗斯福一样,静下心来好好地数一数上天给自己的恩典。要知道,鲜花不是因为芬芳而圆满,而是因为既有芬芳又有凋谢才圆满;彩虹不是因为绚丽而圆满,而是因为经历了风雨,终现缤纷的色彩才圆满。

2.阳光紧随风雨,挫折孕育成功

积极心理学认为:遗憾孕育着圆满,失败孕育着成功。有的人遇到挫折和失败时能较快地摆脱困境,靠着顽强的意志重新站起来。

爱尔兰作家克里斯蒂·布朗是一个不幸的人,他从小就患有严重的小儿麻痹症,导致全身上下只有一只左脚能够自由活动。这样的不幸是难以想象的,这该是多么巨大的不完美啊。

但是,克里斯蒂没有放弃自己,他的大脑从未放弃思考,也从未丧失拯救不幸命运的信念。有一天,躺在床上的小布朗看到妹妹扔下的彩笔,就用左脚把彩笔夹了起来,在墙上乱画起来。他画得正起劲的时候,母亲走进来,高兴地惊叫:"他的左脚还能活动!"母亲坚信只要小布朗的脚能活动,他就应该能做许多事情。于是,她便开始教布朗写字,没想到,第一天,布朗就能用脚写出三个英文字母。很快,他就能把26个英文字母按顺序写下来,这令全家人感到异常高兴。

母亲不仅教他写字,还给他买各种各样的名著阅读。克里斯蒂从中找到了极大的乐趣,也找到了完善自己生命中不完美的方法,他决定用左脚练习打字。他自信地对母亲说:"我要成为全世界第一个用脚趾打字的人。"

这个过程是艰难的,尤其是那时候打字机的工艺并不完善,即使是一个正常的人要连续打字也需要付出很多精力,更何况是他。但命运永远不会辜负那些不畏艰难而坚持不懈的人,布朗终于打出了清清楚楚的字,还能熟练地给打字机上纸、退纸以及用左脚整理文稿。

终于,他先后完成了《我的左脚》《生不逢时》两部著作,成为举世称颂的作家。

所以对待不幸和失败，不要心存怨恨，因为你从中得到了成长的机会。当生活不顺或遇到挫折时，要正视它，要向前看，否则你永远不会有成长。

海伦·凯勒在《假如给我三天光明》中讲述了自己的苦难人生。在她出生后不久，一场疾病使她失去了听力和视力，但海伦·凯勒没有在命运面前折腰，也不自暴自弃，她接受了命运的挑战。对于一个又聋又盲又哑的人来说，她的世界是毫无生机可言的，但是她有不言败的精神。她深深地了解到一个事实：作为一个残疾人，如果想达到自己的目的，就需要付出多于常人数倍的努力。于是她开始慢慢地、一步步地摸索，她相信，总有一天，她会战胜自己、战胜生活。

与莎莉文老师的相遇，是海伦·凯勒一生的幸运，对于一个聋哑孩子来说，这给了她向前看的勇气和希望。从那以后，海伦终日与莎莉文老师相伴，通过莎莉文老师，海伦了解到与这个世界沟通的方法。在莎莉文老师的耐心教导下，海伦培养出了独立的见解、高尚的情操、乐观坦诚的心胸和对人的关心同情。那之后，海伦觉得自己的生命焕发出无比灿烂的光辉。

就是这样一个幽闭在聋哑世界的人，竟然以坚强意志毕业于哈佛大学拉德克利夫学院，并用生命的全部力量到处奔走，建起了一家家慈善机构，为残疾人造福。海伦·凯勒被美国《时代周刊》评选为20世纪美国十大英雄偶像。

当被问到是如何创造这一奇迹时，海伦露出了从容的笑容，她说自己并不认为这是奇迹，她只不过像正常人一样学习，如果说是什么支撑着她，那就是一颗向前看的心。海伦·凯勒屹立在生命的巅峰，用爱心去拥抱世界，以惊人的毅力面对不幸，终于在黑暗中找到了光明，最后又把慈爱的双手伸向全世界。

种子深埋在泥土之中，泥土既是它发芽的障碍，更是它生长的基础。瀑布迈着勇敢的步伐，在悬崖峭壁前毫不退缩，因山崖的碰撞造就了它的壮观。

挫折是成功的前奏曲,挫折孕育着成功。像苏秦游说六国合纵就是这样,韩信甘心受胯下之辱也是这样。

俗话说"胜败乃兵家常事""黑夜过去是黎明",把失败和挫折看成是成功和胜利的前奏曲,就能在跌倒之后爬起来满怀信心地继续前行。

3.欣赏自己的独一无二

欣赏自己,不是鄙视别人、狂妄自大,而是源于对自己生命的珍视和热爱;欣赏自己,不是让自己成为"井底之蛙",而是让自己抛弃浮躁后更成熟地走向远方。

世界上的任何事物都不可能十全十美,但是任何人都有着专属于自己的精彩,这是积极心理学的态度。

孔雀来到天后赫拉的面前,它抱怨自己的嗓音沙哑难听:"您看,夜莺的歌声总是可以深深地打动人心,得到众人的喜爱。可是我一开口,群鸟就会嘲笑我,这太不公平了!"

天后赫拉听到孔雀的这一番话后,安慰它说:"你的嗓音不好,但你的身姿与容貌却是出类拔萃的,别忘了你的尾巴在开屏的时候羽毛有多么华丽富贵、多么光彩照人,人们也把孔雀开屏称为一大美景呢!"

孔雀依然不满意:"既然我的歌声不如他人,这种无言的美丽对我而言又有什么用呢?"

赫拉有点儿不高兴了,她斥责孔雀:"每个人都有自己的命运,这是命运之神安排的。她安排了你的美丽,夜莺的歌唱,也安排了老鹰的力量和乌鸦的预报吉凶。所有的鸟类都应当对神赋予它们的东西感到满意。"

面对天后的斥责,孔雀止住了自己的抱怨。

孔雀的美丽是令人艳羡的,而它却不停地抱怨自己没有美丽的歌喉,忽略了自己拥有的东西。现实生活中,很多人也在重复着孔雀的抱怨。

一个人如果想获得真正的成功和自由,就必须植根于自己的独特个性。忽视自己的个性或故意抹杀自己的个性,终将一事无成。因此,千万不要亦步亦趋地效仿别人,掩饰自己、舍弃自己。在前进的道路上,无论发生了什么事情或者将要发生什么,请记住一点:我们从来不会失去自己作为一个人的价值,没有什么能够拿走它。

懂得欣赏自己是一个人奋发向上、继续努力的无穷动力。人常说:求人不如求己。因此,最简单的让自己快乐起来的方法就是学会自我欣赏,适当地自我宽容、自我鼓励,从点点滴滴的自我完善中获得快乐。欣赏自己的人是自信的人,欣赏自己的人总是带着同样欣赏的目光去欣赏别人,只是欣赏,而不是崇拜或者羡慕。于是,他很容易使别人的优点变成自己的优点。欣赏自己的人也是更会学习的人。美国著名的音乐家迈克·约瑟说:"你与自己的心交流,要赞美它,让它感到你对它的赏识,那时候它才向你释放灵感。"是的,我们只有欣赏自己,才能充分发挥自己的潜能。与其站在那里眺望别人的背影,不如坐下来静静地想一想自己走过的每一个坚实的脚印,只要努力寻找,就会发现自己的生活中亦有许多值得骄傲的地方。

他叫夏查·范洛,是比利时一个普通的盲人。他一直不明白上帝为何要这样惩罚他。从小时候起,他就不得不努力倾听周围的一切声响,来辨别方位,躲避危险。

他讨厌过马路,因为常常会撞到别人身上,或被车撞倒,这令他总是伤痕累累。17岁那年,他撞在了一辆响着铃的自行车上。

第一章 缺憾之乐
——人有悲欢离合，月有阴晴圆缺

骑自行车的女孩生气地冲着戴着墨镜的他大声质问："你为什么要故意撞倒我，看不见吗？"他当时身上撞得也很痛，就激愤地说："是，我是个瞎子，怎么样？"

"铃按得那么响，不会用耳朵听吗？"女孩丢下这一句话，扶起自行车愤怒地离开了。他愣在那里，回味着那句话，才突然想到了自己的耳朵。是啊，没有了眼睛，还有耳朵。这是上帝赐予他的和别人一样的礼物，却很特别。因为，他的耳朵不仅是用来听的，还要代替他的眼睛"看见"这个世界。

从此，范洛开始锻炼自己的听力。他不知吃过多少苦，流过多少汗，受过多少伤，但他一直没有放弃。十几年的艰苦练习，让他练就了天下无双的敏锐听力。后来他进入了警队。

他凭借从窃听器里传来的嘈杂的汽车引擎声，就能判断犯罪嫌疑人驾驶的是一辆标致、本田还是奔驰；当嫌疑人打电话时，他能根据不同号码的按键声音差异，分辨出嫌疑人拨打的电话号码；在监听恐怖分子嫌疑人的电话时，就可以推断出嫌疑人此时身处机场大厅，还是藏身于喧闹的餐馆，或是在呼啸的列车上。

由于听力超群，他可以辨别不同语言发音的细微差异，这让他成为一个优秀的语言学家和训练有素的翻译。他会说7种语言，包括俄语和阿拉伯语。他还自学了塞尔维亚语和克罗地亚语。可以说，他的脑子就像图书馆一样汇集了各种语言，正是这种语言能力使他成为警局中对抗恐怖主义和有组织犯罪的珍贵人才。

他从警的时间不长，但他利用听力的优势，屡立奇功，获得过各种奖励和荣誉，成为比利时警界里"失明的福尔摩斯"。

这位超级英雄手里握着的不是手枪，而是一根盲人手杖，他身边通常没有警车而是跟着一只导盲犬。

范洛从不忌讳别人说他是个盲人，他常说："如果我能看到光明，我现在可能还是一个平庸的人。正因为我看不见，我才会专心努力地去听，结果我听到了别人无法听到的声音。"

学会欣赏自己、包容自己，就是要学会欣赏自己的开朗自信、欣赏自己的聪慧大方、欣赏自己的平凡普通、欣赏自己的独一无二。生活中，或许有不少人会值得自己欣赏，但是最应该欣赏的还是自己。

的确，每个人都是独一无二的。这个独特的"自己"既有优点，也有不足。一个人只有充分地接纳自我，懂得欣赏自己、包容自己，才能自信地与人交往、出色地发挥自己的才能和潜力。假如一个人不懂得欣赏自己、包容自己，总是以怀疑的、否定的态度看待自己，就有可能限制甚至扼杀自己的创造力。事实上，在我们的身边因为自卑自怜、自暴自弃等各种心理原因而造成的悲剧事例已经太多，不但给家人造成痛苦，也给社会造成损失，当然，就更别说怎样赢得别人的欣赏和肯定了。

欣赏自己并不是傲视一切的孤芳自赏，也不是唯我独尊的狂妄不羁。因为它不需要大动干戈的气势，也不需要改头换面，它只属于一种醒悟，一种面对困难时的自信、一种推动自己向挫折挑战的动力。

学会欣赏自己，就是在无人为我们鼓掌的时候，给自己一个鼓励；在无人为我们拭泪的时候，给自己一些安慰；在我们自惭形秽的时候，给自己一点空间、一份自信，然后抖落昨日的疲惫与无奈，抚去昨日的伤痛和泪水，去迎接明天崭新的朝阳……只有学会自我欣赏、自我品评，学会在无人喝彩时能照样前行，而且行得更好，才能肯定自己、相信自己，让自己体会到属于自己的那份幸福。

学会欣赏自己，你会发现生活是如此美好；欣赏自己，你会感受到命运的公正无私；欣赏自己，你会体味前进中的幸福快乐；欣赏自己，你会把握好自己的人生；欣赏自己，你定会抵达成功的彼岸。

4.苛求完美会使人生的琴弦绷断

在人生中,你绝对不可能让所有的人都满意,绝对不可能达到至善至美的境界。完美往往只会成为人生的负担,人绷紧了完美的琴弦,它却可能发不出乐音来。

积极心理学认为:完美只是一座心中的宝塔,你可以在内心向往它、塑造它、赞美它,但你却不可能把它当作一种现实存在,否则只会使你陷入无法自拔的矛盾之中。

几十年的独身生活使威廉厌倦了,威廉决定娶一个妻子。威廉经常看到取名为"爱情"的婚姻介绍所的广告,据说,这些广告曾经帮助许多人解决了他们的终身大事。于是他来到了本市最有名气的婚姻介绍所。

接待他的是一位女士,这位女士将他带到了一个房间,房间里有很多门,上面写着一些女性的资料,威廉要做的就是根据自己的要求推开相应的门。

第一个门上写着"终生的伴侣",另一个门上写着"至死不变心"。威廉忌讳这个'死'字,于是,便迈进了第一个门。接着,又看到两个门,右侧写的是"淡黄的头发",左侧写的是"乌黑的头发"。应当承认,不知道为什么,威廉总是喜欢长着淡黄色头发的女性,于是,便推开了右边的那扇门。进去以后,还有两扇门,左边写着"美丽、年轻的姑娘",右边则是"富有经验的、成熟的女人和离过婚的女人"。可想而知,左边的那扇门更能吸引威廉的心。可是,进去以后,又有两扇门,上面分别写的是"苗条、标准的身体"和"略微肥胖、体型稍有缺陷者"。用不着多想苗条的姑娘更中威廉的意。于是,他进了第五个房间,里面还有两个门,分别写的是"双亲健在"和"举目无亲"。

威廉感觉自己好像进了一个庞大的分拣器，在被不断地筛选着。下面分别看到的是他未来的伴侣操持家务的能力，一个门是"爱织毛衣、会做衣服、擅长烹饪"，另一个门上则是"爱打扑克、喜欢旅游、需要保姆"。当然，爱织毛衣的姑娘又赢得了威廉的心。他推开了把手，岂料又遇到两个门。这一次，令人高兴的是，"爱情"介绍所分别介绍了她们的精神修养和道德状况："忠诚、多情、缺乏经验"和"有天才、具有高度的智力"。威廉确信，他自己的才能已足够应付全家的生活，于是迈进了第一个房间。里面，左侧的门上写着"疼爱自己的丈夫"，右侧写的是"需要丈夫随时陪伴她"。当然威廉需要一个疼爱他的妻子。下面的两个门对威廉来说是一个极为重要的选择：上面分别写的是"有遗产，生活富裕，有一栋漂亮的住宅"和"凭工资吃饭"。理所当然地威廉选择了前者。

威廉推开了那扇门，可是当他推开那扇门，才发现自己已经走上了马路。这时，一开始接待威廉的那位女性来了，她递给威廉一个玫瑰色的信封。威廉打开一看，里面有一张纸条，上面写着："您已经挑花了眼。人总不是十全十美的。完美是种理想，即便有上万种选择仍会有遗憾。"

现实中的我们，总希望自己拥有更多的快乐而非痛苦；都希望自己拥有财富而非贫穷；都希望自己受过良好的教育而非与大学无缘；都希望自己事业有成而非失业……总之，在我们的眼中，只有得到完美，自己才能感受到生活的快乐。

不容忍美丽的事物有缺憾，追求完美，这是人们的美好愿望。但是，生活毕竟是生活，它永远都存在缺陷和遗憾。你越苛求完美，越会觉得生活不完美，于是许多苦恼和愁闷也接踵而来。

从前，有两个孤儿自幼拜一个和尚为师。当两个师兄弟成年以后，师父把他们叫到面前说：你们都成年了，应该有自己的将来和梦想，由此往北行，在那群山深处有块绝世美玉，只要你们寻得那块绝世之宝就可以下山追寻自己的未来了。

两个徒弟次日就离开师父出发去北方山中寻找美玉了。师哥是一个注重实际、不好高骛远的人。有时候，即使发现的是一块有残缺的玉，或者是一块成色一般的玉甚至有些奇异的石头，他都统统装进了行囊。

过了几年，到了他们师兄弟约定汇合的时间，此时师哥的行囊已经满满的了，尽管没有师父所说的绝世完美之玉，但造型各异、成色不等的众多玉石在他看来也足以令师父满意了。后来师弟到了，两手空空，一无所得。师哥诉说了自己这些年的收获。师弟说，你这些东西都不过是一般的珍宝，不是师父要我们找的绝世珍品，拿回去师父也不会满意的，更不会要我们下山。师弟说，我不回去，我要继续去更远更险的山中探寻，我一定要找到绝世美玉。师哥再三劝说他都无动于衷。

师哥只好带着他的那些东西回到了从小生活的山上，将自己的收获一一呈现在师父面前，还介绍了自己与师弟相遇时师弟的探宝情况。师父听后点了点头说：你做得很好，明天你可以带着你的珍品下山了。还告诉他说，你师弟不会回来了，他是一个不合格的探险者。他如果幸运，能中途醒悟，明白至美是不存在的这个道理，是他的福气。如果他不能醒悟，便只能以付出生命为代价了。

师哥下山后用那些造型各异、成色不等的众多玉石开了一个奇玉石馆，在他的努力下将那些玉石、奇石一一加工，制成了稀世之品。短短几年，师哥的奇玉石馆已经享誉八方，在他寻找的玉石中，有一块经过加工成为不可多得的美玉，被国王用作了传国玉玺，师哥也因此成了倾城之富。

很多年以后，师父已经奄奄一息。师哥回山探望师父，并对师父说要派人去寻找师弟，但被师父阻止了，师父说："经过了这么长的时间和挫折他都不能顿悟，这样的人即便回来又能做成什么事情呢？世间没有纯美的玉、没有完善的人、没有绝对完美的事物，为追求这种东西而耗费生命的人，何其愚蠢啊！"说完师父就驾鹤西去了。

世界上没有绝对完美的美玉，而我们在寻找它的过程中，要降低心中对美玉的标准，不能过于苛刻，否则你将一无所获。

金无足赤，人无完人。没有一个人是完美无瑕的，有缺点和不足，不一定会默默无闻，也不一定会被人否定，只要把"缺陷、不足"这块堵在你心口上的石头放下来，别过分地去关注它，它就不会成为你的障碍。

看着我们周围那些事事渴求完美的人，他们往往体会不到生活那种有所希冀的美好，体会不到当自己得到追求中的某种东西时的那种喜悦。所以，如果你打算将生活快乐地过下去，就必须坦然接受生活在一个不太好处理的、有限的、有瑕疵的世界中这个事实，不要相信世上有"完美"这回事。不要这样要求自己，也不要这样要求别人，更不要这样要求生活。

电影《心灵捕手》中有一句经典对白："你不完美，你认识的女生也不完美，问题是你们是否完美地合适，亲密关系就是这么回事。"完美只会出现在童话里，现实世界并不完美，完美的事物不存在。如果要活得轻松自在一点，就要放下完美，生命给了什么就去享受什么。

5.爱的本质是包容，不是完美

有人说，爱情让人盲目，还有人说，处于恋爱期间的人智商为零，这些话一点都不假。热恋的人眼里看到的永远是浪漫和甜蜜，即便是缺点在对方的眼中也变成了可爱的地方。你爱的那个人的周身都被某种光环所笼罩，见到他（她）似乎就看到了满世界的阳光，原本的阴霾也会顿时消散得无影无踪。

积极心理学认为：爱情的力量足够伟大，和相爱的人在一起，困顿不堪的岁月也会变成美好的回忆在彼此的心中沉淀或升华。

不可否认的是,对于正在成长的年轻人来说,眼睛里盈满了粉红色的颜色,爱人的一切在心目中早已经成了完美的替身。只有有一天,当爱情归为现实,走进婚姻的日常生活,我们才会发现原来对方身上有这么多自己无法接受的缺点甚至缺陷。当这种情绪持续地存在,彼此的感情就不可避免地会发生危机。

有一个女孩和一个男孩在众人的祝福中走进婚姻的殿堂,可是婚后,女孩突然感到生活并不是她想象的那样美好。两个人还经常因为一点小事就会争吵起来。因此,她经常跑到娘家诉苦,有时候甚至无法抑制自己的情绪,一边哭泣一边说着丈夫的种种错误。

这天,在她哭完之后,母亲起身拿起一支笔和一张白纸,对她说:"这样吧,我这儿有一张白纸,一支毛笔,你现在拿着毛笔往白纸上点点,你丈夫有一个缺点,你就在纸上点一个点。"

女儿顺从地接过了毛笔,开始在白纸上点点。她一边哭,一边想着丈夫的缺点,想到之后就狠狠地在白纸上点着。等她点完之后,就把那张纸交给了母亲。母亲又把纸递给她,对她说:"女儿,你看这张纸上是什么?"女儿说:"黑点啊,这上面全是他的缺点。"母亲又说:"你再看看,看看还有什么?"女儿瞪大眼睛重新审视了一番,说:"上面除了黑点就是白纸,也没有什么别的东西。"母亲笑了,语重心长地说:"对啊,白纸比黑点大得多了,你怎么只看到黑点呢?你一定是只看他的缺点啦,来,你再数一下他的优点。"女儿停止了哭泣,开始数起丈夫的优点来。她数着数着,脸色慢慢变得舒缓了起来,最后发现丈夫的优点还是比较多的。她心里再也没有了怨气,于是就对母亲说:"妈妈,我知道了,谢谢你。"

在婚姻生活中,很多争执和矛盾都是由于我们只看到了对方的缺点而忽视了对方的优点而引起的。结婚前,爱人在自己的眼中,无论怎么看,都是那么完美无瑕。其实，每个人都背着两个口袋，一个叫作优点，一个叫作缺点，每个人也都习惯了把优点放在前面的袋子里，而把缺点放在后面的袋子。因此，造成了只看到对方的缺点而忽视了他的优点，对自己则是只看到了优点，而忽视了缺点。假如我们能够将这两个袋子调换一下位置的话，所看到的就会大不一样了。

我们应该知道，爱的本质是包容。当两个素不相识的人由相爱走向婚姻的时候，就注定了要付出一些牺牲。毕竟，婚姻已经不再是花前月下卿卿我我的唯美浪漫，也不是莽撞少年的缠绵与誓言，而是烟火生活中的相濡以沫和相互体谅。婚姻爱情的美丽和可贵，不是誓言的多少和承诺的天荒地老，而是相互包容和理解。

一对夫妻经常相互抱怨。丈夫认为自己每天工作非常辛苦，回家后没力气做家务；妻子认为自己每天有做不完的家务活，从早忙到晚，累得要命，连工作都丢了。于是他们决定互换角色，让对方体验一天自己的生活。

第二天清早醒过来，夫妻角色已经对换了。作为一个"女人"，丈夫早早起床，准备早餐，叫孩子们洗脸刷牙，照管他们吃早餐，然后开车送他们去学校，之后去超市采购。回到家，他又要整理床铺，洗衣服，打扫房间。等干完这些，孩子们放学的时间到了，于是他冲到学校去接孩子们。到家后，他准备好点心和牛奶，监督孩子们做功课。下午四点的时候，他开始准备晚餐。吃完晚饭，他开始洗碗，收拾厨房，然后给孩子们洗澡，给他们讲故事，哄他们上床睡觉。晚上十点，他已经撑不住了，可是屋子还没收拾，衣服还没洗……

妻子变成了男人的角色，一大早到公司后，照常开例会。会议结束后跟同事一起商议当天的工作安排，回到办公室不停地接打电话，跟客户洽谈。到了午饭时间，顾不上出去吃饭，叫了外卖，一边吃一边工作。下午出去见客户，经过六个小时的磋商，终于谈成了一笔大项目。这时已经是晚上七点，客户要求出去庆祝，喝酒唱歌聊天。晚上回到家已经是凌晨两点了。

这时，丈夫还在客厅等着她。经过这番体验，俩人不发一言地拥抱在一起。

　　在朋友之间,我们常常能做到感恩与报答,这是因为我们珍惜朋友之间的友谊,想让朋友知道他为你做的这些对你很重要。夫妻因为有了一纸婚约,彼此之间就把对方做的任何事情都看成是理所当然的,时间一久,自然会熟视无睹,甚至还会在鸡蛋里面挑骨头。

　　无论男女,他(她)不是必然比我们还要聪明、勇敢、勤劳和富有。如果我们不能接受一个人的本来面目,而是爱上我们期待中那个完美的他(她)的话,我们会一直失望,而他(她)也会因为压力过大而沉默和崩溃。

　　婚姻是一种缘分,需要懂得珍惜。婚前的交往,往往是美丽的伪装,夫妻只有在共同生活时,才会发现彼此的弱点和问题。宽容,是保持婚姻稳定和幸福的基本品德!

　　就像不存在十全十美的人,这个世界也不存在完美无瑕的爱情。20多岁的年轻人,心里承载了太多对完美的期待,然而一份健康的情感不可能脱离现实而存在的。如果你爱一个人,绝对不是因为他(她)的完美,那种将爱人的一切都理想化的人,最终免不了吃苦头。要想让自己的婚姻变得更加牢固,让家庭变得更加美满幸福,就应该用一种包容的心态去对待伴侣,用理性的思维去解决双方的矛盾和冲突。要学会用宽广的胸怀去接纳和包容我们的爱人,这样的感情才会持久,这样的婚姻才能更幸福。

6.输得起是种勇敢,赢得起是种信念

积极心理学认为:如果我们对失败有一颗平常心,那么我们或许会赢在最后。

有的人认为认输很难做到,其实,认输之所以难做到,是因为它看起来就是承认失败。在我们所受到的教育里,强者是不认输的。所以,我们常被一些昂扬而带有英雄色彩的词语所激励,以不屈不挠、坚定不移的精神和意志坚持到底,永不言悔。

1832年,林肯失业了,这显然使他很伤心,但他下决心要当政治家、州议员。糟糕的是,他竞选失败了。在一年里遭受两次打击,这对他来说无疑是痛苦的。

接着,林肯着手自己开办企业,可一年不到,这家企业又倒闭了。在以后的17年间,他不得不为偿还企业倒闭时所欠的债务而到处奔波,历尽磨难。

随后,林肯再一次决定参加州议员竞选,这次他成功了。他内心萌发了一丝希望,认为自己的生活有了转机:"可能我可以成功了!"

1835年,他订婚了。但离结婚还差几个月的时候,未婚妻不幸去世。这对他精神上的打击实在太大了,他心力交瘁,数月卧床不起。1836年,他得了神经衰弱症。

1838年,林肯觉得身体状况良好,于是决定竞选州议会议长,可他失败了,1843年,他又参加竞选美国国会议员,这次仍然没有成功。

林肯虽然一次次地尝试,但却一次次地遭受失败:企业倒闭、情人去世、竞选败北。要是你碰到这一切,你会不会放弃——放弃这些对你来说是重要的事情?

　　林肯是一个聪明人，他具有执着的性格，他没有放弃，他也没有说："要是失败会怎样？"1846年，他又一次参加竞选国会议员，终于当选了。

　　两年任期很快过去了，他决定要争取连任。他认为自己作为国会议员的表现是出色的，相信选民会继续选举他。但结果很遗憾，他落选了。因为这次竞选他赔了一大笔钱，林肯申请当本州的土地官员，但州政府把他的申请退了回来，上面指出："作本州的土地官员要求有卓越的才能和超常的智力，你的申请未能满足这些要求。"

　　接连又是两次失败。在这种情况下你会坚持继续努力吗？你会不会说"我失败了"？

　　然而，林肯没有服输。1854年，他竞选参议员，但失败了；两年后他竞选美国副总统提名，结果被对手击败；又过了两年，他再一次竞选参议员，还是失败了。

　　林肯尝试了11次，可只成功了2次，他一直没有放弃自己的追求，他一直在做自己生活的主宰。1860年，他当选为美国总统。

　　事实上，不光林肯的成功如此，每一个成功人士的成功都是失败和一次次重新再来的过程。所以不要埋怨自己的不幸，更不要因为失败而气馁，失败只是成功的下一个起点而已。

　　达美乐餐馆连锁店的老板托马斯·莫纳在创业中接连失败，但他能从跌倒中反省，寻找跌倒的原因，懂得怎么样才能反败为胜。

　　托马斯·莫纳起初和哥哥在一所大学附近开了一家比较小的比萨饼店，生意很不好。当生意越来越糟糕的时候，哥哥把自己的股份卖给了托马斯。面对沉重的打击，托马斯一直保持着乐观的心态，他知道生意是要靠不停地累积而成的，他愿意从跌倒中吸取教训，以便能更好地做自己的生意，于是他天天待在店里照顾生意。

　　小店生意逐渐好转，托马斯此时决定给自己的小店取名"DOMINO'S"，即达美乐，骨牌的意思，表示他希望自己的生意形成一种骨牌效应，越来越好。但没想到的是,接踵而来的是灾难。他的饼店被一场大火毁了,损失了15万美元,保险公司却只支付给他13万美元。他几乎面临破产。

这是他生意场上的第二次跌倒,他没有放弃,三年后,他卷土重来,这次他拥有了12家比萨店,并且还有十几家在建设中。但是由于规模扩大过快,出现了资金短缺,使整个达美乐陷入了财政危机。

这是托马斯在生意场上的第三次跌倒,银行接管了达美乐。10个月后,托马斯重新接管了达美乐,他让债权人和银行给了他一段时间,让他将生意恢复起来。大多数人都同意了,但是他的专营店授权商们以反托拉斯的诉状将达美乐送上了法庭,托马斯忍不住无助地哭了。

尽管如此,托马斯还是没有放弃,在接下来的9年里,他缓慢地恢复自己的生意,经过努力,他不仅偿还了所有的债务,还使达美乐生存了下来。在这几年里,他还使达美乐成为世界上最大的送货上门的商业机构,由此,托马斯成为美国最富有的企业家之一。

托马斯经历了一次又一次的跌倒,但他始终都没有退缩,每一次都勇敢地站起来,最终到达了事业的顶峰。要知道,挫折未必是一件坏事,不过是让我们多了一份阅历,多了一笔财富。因此,当我们面临失败的时候,就把它当作一次课程来上吧,这无疑是个学习的好机会。

失败不是人生的遗憾,因为每一次成功的背后,总是隐藏着无数次的失败,我们只有跨越这一次次的失败,才可能做出成绩。

有这样一句话:"成功不是终点,失败也不是终结。"我们要把它牢牢地记在心中,然后像托马斯那样,把成败看得淡些,正确地看待成败,重要的是要实实在在地走好每一步,正确判断自己前进的方向。那些害怕失败或仅经历过一次失败便畏缩不前的人,是无论如何也不能赢得最后胜利的。

输得起是种勇敢,赢得起是种信念。在人生的博弈中,没有永远的输家,也没有永远的赢家。失败是生命中永不缺少的乐符。这样的生命乐谱才能够抑扬顿挫,才能够丰满和华美。

7.立足不完美,找寻你最可能实现的愿望

现实中,我们之所以做事会半途而废,其中很大一个原因不是因为缺乏能力选择放弃,而是因为心中的愿望距离自己太远。换句话说,我们放弃不是因为失败,而是因为长时间没能获得成功缺乏信心而倦怠。

积极心理学认为:立足不完美,找寻你最可能实现的愿望,这才是获取成功、获取幸福的最佳途径。

维莱瑞生活在明尼苏达州的一个小镇里。她在高中的时候在当地的戏剧团里就已经小有名气。面对着这些成就,她决定要在演艺界中开拓一片自己的天空。她在当地的大学读了两年书,为了能够让自己拥有一个更高更大的舞台,她决定到纽约的美国演艺学院就读。

在演艺学院里,她的同学有着比她更高的天分,尽管维莱瑞的学习比较努力,但在竞争中总是处于失败。当她想起以前在小镇上的辉煌时,总觉得那已经不是荣誉,而是变成了一种耻辱。后来,她在回忆这一段生活的时候说:"我过去算是长得还不错,又有一些天分和经验。但是和其他年轻人相比,我并不是个演艺界的好苗子。我烦恼了好几个星期,晚上睡不好,在学院的表现就更糟糕。最后,就在几个月以前,我退学了。我不敢告诉父母,但是我认为自己既然不上学了,就不能接受他们寄来的钱,因此开始找工作,但是我能做什么呢?我没有一技之长,不能转行去坐办公室或做其他任何工作,因为我过去的一切梦想和计划,都是以演艺为终身职业。"

在经历了几次挫折之后,维莱瑞几乎对生活感到失望了。正当她准备偃旗息鼓回到家乡小镇上的时候,一个就业辅导单位的女士注意到了她,对她说:

"你眼前的困难和挫折都是暂时的,你是一个很有天分的女孩,只是被眼前的假象给迷惑了。""静下心来,好好审视一下自己,看看你的长处到底在哪里,加强你的优点,消除缺点,你就一定能够获得成功的。"维莱瑞思考了几天之后,发现自己有着很强的交际能力,也有着超常的智慧——至少在学校读书的时候成绩不错,她就开始了加强优点的准备,为明天做出了一个可行的计划。她回到学校继续学业,取得了教师资格证书。在学校里为了挣够学费和生活费,她开始重新学习打字,后来做了一份接待员的工作。她的生活发生了巨大的改变,心情也好了很多。

在我们生活中,有很多人有着宏大的愿望,把自己的生活按照打造帝国的标准来过,最终在遗憾和不甘中度过一生。其实,我们不妨换个思维,先去实现那些容易实现的愿望。这样一来,既能获得成功的喜悦,又能不断接近那个远大的目标。

1984年,在东京国际马拉松邀请赛中,名不见经传的日本选手山田本一出人意外地夺得了世界冠军。当有人问他凭什么取得如此惊人的成绩时,他说了这么一句话:凭智慧战胜对手。

当时许多人都认为这个偶然跑到前面的矮个子选手是在故弄玄虚。许多人都认为马拉松赛是考验体力和耐力的运动,只要身体素质好又有耐性就有望夺冠,爆发力和速度都还在其次,说用智慧取胜确实有点让人心生怀疑。

两年后,意大利国际马拉松邀请赛在意大利北部城市米兰举行,山田本一代表日本参加比赛。这一次,他又获得了世界冠军。有人又问他有什么秘诀。

山田本一性情木讷,不善言谈,回答的仍是上次那句话:用智慧战胜对手。大家都对他所谓的智慧感到迷惑不解。10年后,这个谜底终于被揭开了,在他的自传中他是这样写的:"每次比赛之前,我都要乘车把比赛的线路仔细地看一遍,并把沿途比较醒目的标志画下来,比如第一个标志是银行;第二个标志是一棵大树;第三个标志是一座红房子……这样一直画到赛程的终点。比赛开始后,我就以百米冲刺的速度奋力地向第一个目标冲去,等到达第一个目标后,我又以同样的速度向第二个目标冲去。40多千米的赛程,就被我分解成这么几个小目标轻松地跑完了。而很多人,他们的目标一开始就太过完美,太过遥远,所以跑了一段路程后就跑累了,也就慢慢没信心了。"

山田本一制胜的法宝,除了他过硬的体魄外,最主要的就是他懂得先跑过那个距离自己最近、最容易实现的目标。我们的人生也一样,就像一场马拉松,要是一开始就想着那个最终的目标,最完美的理想,那我们很多时候都会因为太久没能取得成功而丧失信心,最终在心灵的折磨中落得个一无所有。

人的一生,说长很长,将近七八十年,说短也很短,因为很多事情仿佛就在眼前。要是你一味力求完美,力求一步到位,就很可能眼高手低,最后以失败而告终,而你又觉得自己从未成功,所以就陷入挫败的苦楚中,久久不能自拔。因此,我们应该摆正自己的位置,调整好心态,以自身条件为前提,找到那些离自己最近、最容易实现的愿望,然后尽力去实现它们。一次走一步,一步一个愿望,这样就可以增强你的自信心和成就感,减少挫折感,让自己活得充盈。

每一个幸福的人生,精彩的生命,都是从最可能实现的愿望开始,进而一步一个脚印地走向属于自己的成功。

第二章

宽容之乐

——静坐常思己过,闲谈莫论人非

积极心理学认为:如果你在经历切肤之痛后,采取别人难以想象的态度——宽容对方,那么,你的宽宏大量、光明磊落将使你的精神达到一个新的境界,你的人格会因此折射出高尚的光彩。

1.宽容是人性最光彩的名片

积极心理学认为:宽容,作为一种美德受到了人们的推崇,作为一种人际交往的心理因素也越来越受到人们的重视和青睐。

苏联著名作家叶夫图申科在《提前撰写的自传》中,讲到过这样一则十分感人的故事:

1944年的冬天,饱受战争摧残的莫斯科异常寒冷,两万德国战俘排成纵队,从莫斯科大街上依次穿过。

尽管天空中飘飞着大团大团的雪花,但所有的马路两边,依然挤满了围观的人群。大批苏军士兵和治安警察,在战俘和围观者之间,用身体围出了一道警戒线,以防止德军战俘遭到围观群众的愤怒袭击。

这些老少不等的围观者大部分是来自莫斯科及其周围乡村的妇女。

她们之中每一个人的亲人,或是父亲,或是丈夫,或是兄弟,或是儿子,都在德军所发动的侵略战争中丧生。她们都是战争最直接的受害者,都对悍然入侵的德寇怀着满腔的仇恨。

当大队的德军俘虏出现在妇女们的眼前时,她们全都将双手攥成了愤怒的拳头。要不是有苏军士兵和警察在前面竭力阻拦,她们一定会不顾一切地冲上前去,把这些杀害自己亲人的刽子手撕成碎片。

俘虏们都低垂着头,胆战心惊地从围观群众的面前缓缓走过。突然,一位上了年纪、穿着破旧的妇女走出了围观的人群。她平静地来到一位警察面前,请求警察允许她走进警戒线去好好看看这些俘虏。警察看她满脸慈祥,没有什么恶意,便答应了她的请求。于是,她来到了俘虏身边,颤巍巍地从怀里掏出了一个印花布包。打开,里面是一块黝黑的面包。她不好意思地将这块黝黑的面包,硬塞到了一个疲惫不堪、挂着双拐艰难挪动的年轻俘虏的衣袋里。年轻俘虏怔怔地看着面前的这位妇女,刹那间泪流满面。他毅然扔掉了双拐,"扑通"一声跪倒在地上,给面前这位善良的妇女,重重地磕了几个头。其他战俘受到感染,也接二连三地跪了下来,拼命地向围观的妇女磕头。于是,整个人群中愤怒的气氛一下子改变了。妇女们都被眼前的一幕所深深感动,她们从四面八方涌向俘虏,把面包、香烟等东西塞给了这些曾经是敌人的战俘。

叶夫图申科在故事的结尾写了这样一句令人深思的话:"这位善良的妇女,刹那之间便用宽容化解了众人心中的仇恨,并把爱与和平播种进了所有人的心田。"

即使一个非常宽容的人,也往往很难容忍别人对自己的恶意诽谤和致命的伤害。但唯有以德报怨,把伤害留给自己,才能赢得一个充满温馨的世界。释迦牟尼说:"以恨对恨,恨永远存在;以爱对恨,恨自然消失。"

有个青年总是愤世嫉俗,在学习、生活、工作中遭遇了许多误解和挫折,由于得不到别人的理解,渐渐地养成了以戒备和仇恨的心态看待他人的习惯,总是对别人的小错误斤斤计较,仇恨那些不理解自己的人,结果人际关系变得十分紧张。在压抑郁闷的环境中,他感觉整个世界都在排斥他,因此度日如年,精神几近崩溃。

有一天出门散心,他登上了一座景色宜人的大山。坐在山上,他无心欣赏美丽的风景,想想自己这些年的遭遇,内心的仇恨像开闸的洪水一样,忍不住大声对着空荡幽深的山谷喊:"我恨你们!我恨你们!我恨你们!"话一出口,山谷里传来同样的回音:"我恨你们!我恨你们!我恨你们!"他越听越不是滋味,于是又提高了喊叫的声音。他骂得越厉害回音也越大越长,扰得他更恼怒。

就在他再次大声叫骂后,从身后传来了"我爱你们!我爱你们!我爱你们!"

的声音,他扭头一看,只见不远处寺庙里一方丈在冲着他喊。

片刻后方丈微笑着向他走来,笑着说:"倘若世界是一堵墙,那么爱是世界的回音壁。就像刚才我们的回音,你以什么样的心态说话,它就会以什么样的语气给你回音。爱出者爱返,福往者福来。为人处世许多烦恼都是因为对别人斤斤计较,怀恨在心而产生的。你热爱别人,别人也会给你爱;你去帮助别人,别人也会帮助你。世界是互动的,你给世界几分爱,世界就回你几分爱。爱给人的收获远远大于恨带来的暂时的满足。"

听了方丈的话,他愉快地下山了。回去后他以积极、健康、友爱的心态对待身边的一切,他和同事之间的误解没有了,没有人和他过不去,工作上他比以往顺利了,他发现自己比以前快乐多了。

生活中没有永远的仇人,只要心中的怨恨消失,仇人也能变成朋友。如果我们的仇人了解我们对他们的怨恨使我们精疲力竭,使我们疲倦而紧张不安,甚至也许使我们折寿的时候,他们不是会拍手称快吗?那么我们为什么要用仇人的错误惩罚自己呢?

即使我们不能爱我们的仇人,至少我们要爱我们自己。我们要使仇人不能控制我们的快乐、我们的健康和我们的外表。就如莎士比亚所说的:"不要由于你的敌人而燃起一把怒火,热得烧伤你自己。"

2.谦虚的心态是真正的风度

积极心理学认为：那些动不动就喜欢说"我知道"的人，实际上在人际交往的过程中是不被喜欢的；而那些敢于说"我不知道"的人，显示的则是一种富有想象力和创造力的精神，展示给人谦逊的风度。埃维特认为如果我们勇于承认自己某方面的不足和无知，那么我们的生活方式将大大改善。

《两小儿辩日》中那两个小孩子问孔子，太阳是中午离我们近还是傍晚离我们近时，作为著名的思想家，为人师表的孔子竟然一时哑口无言，因为他自己也不知道答案。两个小毛孩子竟将一代大师孔子难住了，但是孔子并没有掩饰假装自己知道，只是大方地承认了。也正是由于这份真实和敢于承认自己的局限，才让孔子更加受到欢迎。

物理学家丁肇中因发现了粒子而获得诺贝尔物理学奖。在2004年11月的时候，丁肇中受南京某大学的邀请去他们学校做报告。报告会上气氛很火热，大家不断地向丁肇中提问。忽然有一位男生站起来问道："您觉得人类在太空中能找到暗物质和反物质吗？"丁肇中想了想，坦言道："不知道。"另一位学生站起来又问道："那您觉得您从事的科学实验有什么客观的经济价值吗？"丁肇中依然认认真真地回答："不知道。"下面已是一片哗然，第三位同学站起来问他："那么您可以为我们讲一下物理学未来二十年的发展方向吗？"丁肇中依然像回答前两个问题一样镇定坦然而又十分认真地回答说："我不知道。"

刚才还气氛热烈的报告厅内一下子静下来了。没过多久，报告厅的各个角落几乎在同一时间爆发出雷鸣般的掌声，这掌声持续了好长时间。

回过头认真地想一想,这三个学生提出的问题的确没有准确答案,即便是对物理学有着深刻研究的丁肇中博士也无法给予提问者一个精确的回答。在大家看来,他完全可以用一种不懂装懂的回答敷衍过去,在那样的场合是不会有人与他较真的。因为在那些敬仰他的大学生眼中,他说的话就相当于金科玉律。但是丁肇中选择了直截了当地说不知道,给人留下非常诚实的印象。敢于当众承认自己知识和认知的局限,他的勇气足以让人佩服。

由于地域不同、文化背景各异,再加上个人能力的不同,偶尔说一说"我不明白""我不太清楚""我不是很理解您的意思""我不知道"之类的话,会使对方觉得你富有人情味,真诚可亲。相反,不懂装懂,则会引起别人的反感。

布朗先生受邀来到一个著名烹调师的妻子举行的晚宴上,在晚宴中布朗先生和女主人以及另外一位男宾交谈的时候,他发现女主人的神情不是很自然。

谈话中女主人忽然指着桌子上的一个黑色金属用具问道:"像这种特别的工具是用来做热吃干酪的,你们知道什么是热吃干酪吗?"

布朗先生刚想脱口而出说知道的时候,那位男宾忽然叫了起来:"噢!是吗?我完全不知道。什么是热吃干酪,你能告诉我吗?"

男宾的回答使女主人露出了微笑。她自信满满地向客人作了详细的介绍,之后脸上变得喜笑颜开了。

听完女主人的介绍,布朗先生才恍然大悟,原来所谓的"热吃干酪"不是布朗先生想的那么回事,而是干酪火锅的一种吃法。这次宴会使布朗先生受益匪浅:不仅是知道了自己不知道的事情,更重要的是,这件事使布朗先生看到了自己身上很自以为是的缺点,那就是他以为自己什么都知道。

在与人交谈的时候,什么都可以谈。但是对于你所不知道的事情,要留心避免它或者干脆承认,谁都知道没有人是十全十美的,没有人要求你是百科全书,即使你已经是一个学富五车的人。冒充内行,是一种自欺欺人的虚荣心理,也会令别人心生反感,所以坦白承认你对于某些事情的无知并不是一种耻辱。相反地,这还使别人认为跟你的谈话是十分愉快、值得参考的,因为这些语言成分里没有浮夸、没有虚伪。

维纳斯像之所以被世人誉为美神,就在于她的残缺美,那折断的双臂不仅没让她黯然失色,反而使她熠熠生辉,成为万众瞩目的女神。所以我们也一样,不要怕暴露自己的缺点,不要羞于承认自身的局限,有时直面它会使人觉得你更加诚实可信。

世界本不完美,人生当有不足。没有遗憾的人生才不完美,没有缺点的人不能称之为人,对于每个人来讲,不完美是客观存在的,无须怨天尤人。再优秀的人也有缺点弱项,再蠢再笨的人也有自己的优点和吸引人的地方。对自己的局限性要勇于承认,才使你显得更加真实,也会更加烘托出你的长处。

3.是非止于智者

是非止于智者,清者自清,浊者自浊。流言是经不起推敲的,只要自己身正,则一切都不足为惧。

积极心理学家认为:当我们在生活中听到关于自己的"是非流言"时,只要将其搁置一旁不予理睬,一段时间后它自然会烟消云散。

俗话说,哪个人前不说人,谁人背后无人说。人活于世,身后难免会有是非流言,也难免会被别人议论,甚至被误解。在这样的情况下,很多人可能会伤心、难过,情绪难免会被流言所左右。其实,只要你能冷静下来想一想,这是大可不必的。因为所谓的"流言"只不过是你耳边的一阵风而已,在它产生的一瞬间便已经没有对错之分,你与其较劲,不过是在拿别人的错误惩罚自己。

南唐有一位法师自己一人在寺院后的岩洞里修持了10年,后来又回到了承天寺,每夜都会在寺里通宵打坐。

有一天,大殿上功德箱里面的钱突然丢失了,法师无疑成为众人怀疑的对象。因为在他回寺之前从未发生过此类事情,而且大家都知道他每夜都会在大殿内打坐,如果是别的盗贼前来行窃,他应该知晓才是。但是,当寺院住持当众说这事的时候,法师并没有任何的反应,所有人都认为偷功德款的人一定就是他了。所以,全寺中的和尚、居士无不对这位法师另眼相看,都向他投来鄙视的目光。

但是,法师处在这种人人怒目相视的环境中,仍然能够心平气和,若无其事。他既没有站出来喊冤叫屈,向众人申明一切,也没有流露出半点受委屈的情绪,与平常没有两样。每天按时去吃饭、每晚还是照样去大殿打坐。

终于,在七天后,寺中的住持才来揭开了谜底:原来功德款根本没有丢失,这是住持在考验这位法师,想知道他在山洞中住的10年修炼到了什么样的境界。没料到他竟能在遭遇冤枉的情况下,依然不改常态,以一颗平常心去生活,为此,全寺上下无不由衷地对他产生了崇敬。

清新脱俗的莲花,出淤泥而不染,濯清涟而不妖。但倘若没有淤泥,又如何生得出莲花呢?每个人都无法左右别人的思想,命运并不会因为别人对你的歪曲和误解而改变,很多人可以对你指手画脚,但他们没有决定你命运的权利。

很多时候,流言只是一些无聊的人在无聊的生活之余的谈资而已,并没有直接的恶意。对于这些随口而出的评价,我们也完全可以置之不理,即便是偶然从他们身边路过听到,也可以一笑了之,没有必要放在心上。

切尔·威廉是一位才华横溢的年轻人,从哈佛大学毕业以后,他一直在加利福尼亚州经商。几年后,他开始将工作重心投向政界,并准备竞选州参议员。由于威廉本身极有资历,再加上多年经商期间,他一直热心公益,所以在竞选中有着极大的优势。

但此时,竞争对手们也开始在暗地里进行操作,期望以此来降低威廉的信誉度。很快,一个极小但极有影响力的谣言渐渐地在选民中散开了,谣言的内容很简单,说威廉在毕业后到某个学校担任过一段时间的老师,并在此期间与一位年轻的有夫之妇产生了暧昧的关系。

有独立思考能力的人一看便知道,这完全是竞争对手在故意干扰选民的视线,希望通过这种手段来降低威廉未来赢得选票的可能。而对手的意图也非常简单,就是一旦谣言传播开来,人们便会质疑威廉的生活作风问题,威廉必然会因受到了凭空的诬蔑而怒不可遏,就会迫不及待地想要站出来为自己的清白进行辩护,如此一来,人们便会对此事抱有更大的怀疑。

刚开始的时候,威廉的确上钩了,他气急败坏,并一度想要召开新闻发布会,为自己辩解,还准备对那些谣言传播者进行严厉的谴责。有那么一段时间,他完全失去了自己本来的风度。

幸而,在威廉准备采取行动时,他的大学导师听说了此事,并及时给他打电话说:"若你没有做,你根本不需要理会。你为什么要让别人的舌头来左右你的人生?"导师的话让威廉迅速冷静下来。在随后的几天时间里,他一直保持着轻松的心态,若无其事地参加各种派对,与同事和选民们谈笑风生,而对谣言之事绝口不提。这下,谣言制造者们开始着急了,他们不知道威廉的葫芦里到底卖的什么药。

很快,选举的日子到了。面对广大选民,竞争对手当众将谣言搬出,指责威廉缺乏必要的道德观念,根本没有资格担任人民的代表。对方先发制人,威廉却只是风趣地回应道:"不知道是谁走漏了风声,只不过那位女士那时并未成婚,还是单身,我为了追到她可吃了不少的苦头!如今,她早已是有夫之妇了,而且她的丈夫正在对着你们说话。我不得不承认,现在的记者真的很厉害!"

威廉幽默的话语使他轻轻松松便度过了危机,随后,在竞选中,他毫无悬念地赢得了最高票数,成功地进入了参议院。

其实,一些带有攻击性的恶意流言,大多是人们在不平衡的心理作用下产生的。对于这样的流言,我们更应该一笑了之。因为别人嫉妒你,说明你比对方优秀,一个优秀的人是没有必要与一个不如自己的人计较的。再者,这些带有攻击性的恶意的流言,是对方故意让你伤心难过的,如果你真的为此而伤心、难过,岂不是正中了对方的下怀。为此,对于一些恶意的流言,我们也完全可以置之不理。但是,对于一些子虚乌有,且已经对自身的名誉造成了重大损害的流言,我们则可以考虑以法律的形式加以追究。

另外,一些流言如果真起于自己的言行有失,那应该及时注意并加以改正,将之看作一个完善自身的机会,切不可为此而陷入极大的精神压力之中。

同时,如果你是个胆小懦弱、害怕"众口铄金"的人,要想自己不为流言左右,最好是谨言慎行。如果你是个开朗乐观的人,就没必要在这种事情上浪费自己的时间了。因为你的人生是属于自己的,跟别人又有什么关系呢?

4.良言一句三冬暖,恶语伤人六月寒

曾有一位居士请教法航禅师:"师父,什么才是世界上最好的食物?"法航禅师思考了一下,悄声地对身边的使者说了几句话,让使者到市场上买来最好的食物。食物买回来了,居士一看,原来是猪舌头,他十分纳闷,就问缘由。

法航禅师说:"因为舌头能讲出世上最美的语言,说出最华丽的词句,因而,它是世上最好的食物。"

居士紧接着又问道:"请问师父,什么又是世界上最坏的食物呢?

法航禅师思考了一会儿，仍然悄声吩咐使者去集市上买来最坏的食物。结果，使者买回来的依然是猪舌头。居士困惑不解地问道："这不是世界上最好的食物吗？"

法航禅师解释说："舌头是世界上最可怕的东西。它挑拨是非，颠倒黑白，能把死的东西说成活的，能把活的说成死的，所以舌头最坏。"

居士听过之后，无比虔诚地对法航禅师说："师父给弟子上了一堂教育深刻的课呀！"

"舌头"并无所谓的好坏，关键在于我们如何利用舌头说话。往往相同的一句话，如果我们心怀善意，说出来的就是一句动听的话，让人心生欢喜的话；如果我们心怀恶念，那么说出来的就是一句讨厌的话，让人生气烦恼的话。所以俗话说："良言一句三冬暖，恶语伤人六月寒。"同样的一句话，结果却是天壤之别。

怒火攻心时，人们往往挑难听的说，恨不得一口唾沫"砸"一个坑，只图发狠、解气，只图一时痛快，完全不计后果，事后却悔不当初。盛怒之下，人成了情绪的奴隶，很可能会作出不理智的决定，给自己和他人带来麻烦。

就像拳头，不要急着打出去，才能凝聚力量；眼泪，不要轻易流出来，才是真正的悲愤。一时的气话往往造成不堪设想的后果，因此千万不要在盛怒之下轻易发言，能忍一句，祸根就自然无生处。

所以，喜怒之时当慎言，我们应该吸取教训，善于控制自己的情绪，不可胡言乱语，以避免不必要的麻烦和争端；说话者应该保持冷静，才能说出恰到好处、圆融动听的话来。

张彪常找机会诋毁黎元洪。在一次宴会上，张彪话里带刺："想当年，黎元洪在军中不守军规，被我当众罚跪、摔帽子。如今，这么不懂规矩的人，居然也坐在这里。"黎元洪很生气，说话却极为平静："确有此事。"

后来，黎元洪辅佐镇统制官张彪，负责军事训练。几个月后，张之洞到军中检查,见军中事务皆有条理,就夸赞黎元洪:"你很有能力,可成大事。你治军有方,当记大功!"黎元洪却说:"这都是张制统的部署,我只不过执行了张制统的命令,何功之有?"张彪听后心里十分感激,二人关系逐渐融洽。

愤怒实在是处世的大忌,是做人的大敌。因为愤怒,我们常常言语失礼,说话偏激、过头甚至绝情,结果既伤害了别人,也伤害了自己。因为愤怒,情绪常常失控,说话不免偏激狂妄、尖酸刻薄;因为愤怒,常常忘记礼仪,开口容易出言不逊。等到怒气消退,才发现自己说了不少难听的话,说了许多不该说的话,说了一些伤人心的话,得罪了朋友,亵渎了友谊,损伤了情面,那时又往往后悔不已、自责不已。

我们不要被别人的情绪控制,要学会调整自己的情绪。不分是非曲直、话不投机,动辄发火、争执,是一种没有涵养的表现。我们应该心平气和,以理服人,不可放纵心头无名之火,否则既伤害他人又伤害自己。

当你感觉忍不住要发泄怒气时,就闭上嘴,因为盛怒时的舌头像把利剑,容易刺伤人。你可以深深吸一口气,让舌头在嘴里转两下,在心中默念"不要发火,息怒,息怒",然后把气慢慢地吐出来。重复做三次,你的心情就会恢复平静。或者,离开所在的地方,去安静地待会儿,让自己的愤怒冷却一下,并且不再思索引发愤怒的事情,这样就可以达到平息愤怒的效果。

5.嫉妒害人,生气不如争气

谁要是不承认有自己力所不逮者,有比自己更完美更强者,有比自己更漂亮者,谁就会永远在欲望的深渊里痛苦挣扎。

生活中人与人总是有差别的。有差别就有比较,有比较就难免让人产生嫉妒心理。

积极心理学认为:不论多么聪明的人,一旦染上"嫉妒"的病毒,其所作所为就容易失去理智。

魏国有一名大将叫庞涓,他指挥魏军打了不少胜仗,自以为是了不起的军事家。可是他心里明白,他的同学齐国人孙膑,本领比他强得多。据说孙膑是著名的军事家孙武的后代。庞涓妒忌孙膑的才能,他居心不良,安排了一条陷害孙膑的诡计。他向魏惠王举荐孙膑,魏惠王很高兴地派人请来孙膑,共议国事。孙膑的才华处处显露出来以后,庞涓在魏惠王面前诬陷孙膑私通齐国谋反。魏惠王大怒要杀孙膑,庞涓又假意讲情,结果孙膑被治了罪,剜掉了双腿的膝盖骨,不能行走。

后来孙膑知道了这是庞涓的诡计,一怒之下,烧掉了即将写成的兵书,装成疯癫的样子,麻痹庞涓,再设法逃脱虎口。

恰好齐国的一位使臣到魏国办事,孙膑暗中拜见使者,并打动使者,让使者偷偷把他藏在车内,混过了关卡,带到齐国。

齐国国君十分敬重孙膑,想拜他为大将,孙膑极力推辞:"我是个受过刑的人,如果当了大将,众人会笑话的。"齐威王就让他作军师,行军时坐在有篷帐的车里,协助大将田忌作战。

在孙膑的策划下,齐军连打胜仗。公元前342年,庞涓带魏军攻打燕国,田忌、孙膑率齐军救燕。但孙膑指挥军队不去燕国,而直接攻打魏国。

庞涓得到情报,忙从燕国撤兵赶回魏国。路上庞涓观察齐军扎过营的地方:第一天的炉灶数,足够10万人吃饭用的;第二天的炉灶数,够5万人吃饭用的;第三天的炉灶数,只够3万人吃的了。庞涓放了心,笑着说:"我就知道齐兵都是胆小鬼,到魏国才3天,10万大军就逃散了一大半。"他下令急追齐军。

魏军一直追到马陵(现河北省大名县东南),天渐渐黑了,马陵道在两山之间,路很窄,两旁都是深涧。这时,有士兵报告:"前面山道都用木头给堵住了。"庞涓急忙上前去看,果然如此,只有一棵大树没被砍倒,上面有一大片树皮被砍掉了,好像还写着字。庞涓命人拿火把来,借火光一看,他大惊失色,原来上面写的是"庞涓死于此树下",落款是"孙膑"。庞涓想撤兵已来不及了。这时四面杀声震天,不知有多少支箭一齐射来,齐军已把魏军团团围住了。庞涓身中数箭,他已无路可走,就在树下自刎了。

原来孙膑使用诱兵之计,一路上造成齐军逃散的假象。他料定了庞涓会追到马陵,早在此处设下了埋伏,他吩咐士兵:只等树下火光一起,就一齐放箭。

孙膑的名气自此传遍了诸侯国,后来孙膑不愿再做官,就隐居去了,而他写的兵法一直流传到现在。

人们往往不能容忍周围的人超越自己半步,看得见、摸得着的"成功"最能刺激你的神经,所以嫉妒最容易发生在自己熟悉的圈子里。普通人一般不会嫉妒美国总统布什,不会嫉妒世界首富比尔·盖茨,却不能容忍周围的人稍微比自己好那么一点点。

彼此越了解,嫉妒越强烈,这就是有的人允许陌生人发迹而难以容忍身边人进步的心理原因。在一个单位,如果谁立功受奖或职务提升,立马就可能遭到周围一些人的嫉妒,因为他的某种优越表现往往恰恰映照出另一些人的某种不足。

在单位,云和芳关系非常好,姐妹俩几乎可以说是形影不离,梳同样的发型,化同样的妆;中午两人在一个饭盒里吃饭。谁要是说了一句云不爱听的话,芳准得跟那人没完;芳要是想拿谁开个玩笑,在一边敲边鼓帮忙解脱的肯定是云。

前些日子,单位准备竞岗,云和芳两人的岗位要合并成一个岗位。尽管表面上看两人还是很要好,可实际上两人都偷偷较起了劲。比如云在电话里给芳说办公室里的事,芳便赶紧说:"先这样吧,回头再说。"匆匆挂了线;在别的办公室闲聊时,不知是谁说云干活特麻利,不料芳却说:"麻利是麻利,可保不准会出错,太快了肯定就不细了。"要在以前,芳是绝对不可能这么说的。

两个月后,竞岗的结果公布了:云上岗,芳转岗。中午在食堂吃饭的时候,大家再也看不见两人坐在一张桌子上吃饭了。迎面碰上两人总是不约而同地加快脚步,神情漠然地匆忙扭头而过,仿佛在躲避瘟神一般。时不时地,会有人告诉云,芳在她背后说她什么来着,芳也能听说云说她的"坏话"……

积极心理学告诉我们,嫉妒产生于相近的业界和区域,冲突往往源自利益的纠缠。每个人的利益均有其半径,当利益相交、相争夺时便会产生嫉妒,不光个人如此,对于集体、国家、社会亦如此。嫉妒还与竞争强度、个人竞争欲成正比。在一个毫无竞争的地方,当然不会有利益冲突,也就无所谓嫉妒了。

每个人都难免会有些嫉妒心在作怪,所以,当我们看到别人发生不幸的时候,有时候幸灾乐祸的感觉就会油然而生。这种情况,最常发生在那些与我们有利害关系的人身上,如此一来,我们就会觉得似乎又少了一个竞争的对手了。

但是,我们却忽略了他人在成功之前,可能付出的汗水与努力,因此,每个人都应该反省自己,与别人相比,自己是否也同样地努力过。"眼红"的时候,试着马上改变思路,将妒忌心转换成对他人的美好祝愿。理解他们成功背后的尽力、运气和奋斗,真心祝福他们,用他们的成功激励自己。

要想消除嫉妒心理,就必须学会正确的比较方法,辩证地看待自己和别人。

"尺有所短,寸有所长",一个人只要能看到别人的长处,虚心地学习,就不会去嫉妒别人;同时也要相信自己,扬长避短,就能够不断地进取。

嫉妒害人,生气不如争气,努力提高自己是唯一出路。人生重要的是不断超越自己,战胜自己。每个人的能力可能会表现在不同方面,我们要相信自己,找到自己的特长,明确人生目标。不要因为别人早早取得成功而心灰意冷,甚至轻易改变自己的方向;要相信自己一定会走出一条成功之路。

6.用放大镜找人之长处

古语说得好:"惟尽知己之短,而后能去人之短;惟不恃己之长,而后能收人之长。"金无足赤,一个人待人处世如果总是爱放大别人的缺点,或者盯着别人的缺点不放一定不会有很多朋友。

积极心理学认为:多看别人的长处,把赞美的话多多地送给别人,真诚地赞美,会让别人脸上绽放灿烂的笑容。

一名妇女带着7岁的儿子去逛一家大型玩具店,刚拐出电动玩具区,她就看到远处有一个坐轮椅的男孩子。他一定经历过可怕的意外:脸上伤疤密布,双腿从膝盖以下都不见了。这时,妇女的儿子也注意到了,他大声说:"妈妈,快看那个人!"

和其他母亲一样,这位妇女立刻拉住儿子,示意他安静,想教育他这样对待残疾人很不礼貌。但没等她说完,儿子就用力挣脱母亲的手,向坐轮椅的男孩跑去。整个玩具店顿时安静下来,大家不知所措地站在原地。

儿子在男孩面前站定，好奇地问："你是从哪儿买到这顶棒球帽的？真是太酷了！"大家这才注意到男孩戴着一顶别致的迷彩棒球帽。男孩愣了一下，随即开心地笑起来。他的脸上灿烂的笑容让在场的人都受到了感染，玩具店的气氛顿时轻松起来。那个推着残疾男孩的人，更是激动得无法形容，他后来说，自从他儿子因车祸致残后，脸上从来没有出现过今天这种开心的笑容。

儿子和他聊了很久才跑回去，兴高采烈地对妇女说："那顶帽子是他从波特专卖店买的。多酷啊！妈妈，你看见了吗？"在场的人都哑口无言，却又被深深地感动了。

两眼之间的距离最近，但产生的误差最大。普通人的眼睛看到的只是一个"面容可怕的残疾人"，而小男孩发现的却是那顶漂亮的棒球帽。世界就在那里，它本身就是那么多姿多彩、美丽动人，关键是我们要用什么样的眼光去发现它。

这个世界并不缺少美，缺少的是发现美的眼睛。整天看到别人的短处，而看不到或不愿看到别人的长处，长此以往，我们的眼光就会逐渐黯淡，心情也会随之阴沉，慢慢地就感觉不到明媚的阳光了。

在美国芝加哥的一个小镇上，阳光懒洋洋地照在郊区的公园里。一个叫玛丽的女孩和爸爸在公园中散步。玛丽忽然发现不远处有一个很滑稽的老太太。天气那么暖和，她却紧裹着一件厚厚的羊绒大衣，而且脖子上还围着一条毛皮围巾，仿佛天上正下着鹅毛大雪一样。玛丽轻轻地拽了一下爸爸的胳膊，说："爸爸，你看那位老太太的样子多可笑呀！"

不料，爸爸的表情却特别严肃。他沉默了一会儿说："玛丽，我突然发现你缺少一种本领，那就是，你不会欣赏别人。这证明你在与别人的交往中少了一份真诚和友善。"爸爸接着说，"那位老太太穿着大衣，围着围巾，也许是生病初愈，身体还不太舒服。但你看她的表情，她正注视着树枝上一朵清香、漂亮的丁香花，她的表情是那么生动，你不认为她很可爱吗？她渴望春天，喜欢美好的大自然。

41

我觉得这老太太很让人感动！"

随后，爸爸领着玛丽走到那位老太太面前，微笑着说："夫人，您欣赏春天时的神情真的令人感动，您使这春天变得格外美好！"那位老太太听了之后，似乎变得很激动，她说："谢谢，谢谢您！先生。"说着，她从提包里取出一小袋甜饼递给了玛丽。回到家后，爸爸对玛丽说："一定要学会真诚地欣赏他人，因为每个人都有值得我们欣赏的优点。当你这样做时，你就会获得很多的朋友。"

生活中，学会欣赏他人的优点，不但可以让我们体会到欣赏别人优点的乐趣，也能让他人享受到被赞美的喜悦。唯此，才能在人与人之间搭建起一座可以顺畅自如地沟通的桥梁。当我们可以在彼此身上吸收更多的优点时，我们的心会因仰慕和欣赏而变得柔软，我们的交流与合作也将因此变得更加和谐。

尺有所短，寸有所长。人无完人，采人所长，补己所短，才能有进步。多看别人的长处，就会找到一份平常的感动，就会让自己的心境愈加乐观，也会让我们更加朴实和平易近人。朋友之间，多看别人的长处，友谊之树就会越长越高。

一个人要赢得友谊，就要多看到对方的优点和长处。其实，每一个人都有长处，问题在于发现。比如某人事业上很有才气，但生活处世能力却很差，那么，如果择其长处学习，你就会和对方建立友谊，相处和睦。

相反，你睁开两眼看对方，要求对方什么都好，那么，这最终将使你失去友谊和朋友。我们不能以个人的喜好为标准去衡量和要求别人，更不能对每一个人求全责备。试想：难道我们自己就一点毛病也没有吗？

放大别人的缺点的同时也就缩小了自己，助长了自己挑剔的个性。待人处世要有宽容之心，忽略他人身上的缺点，多寻找哪怕是微不足道的优点，唯有如此，才有利于人际关系的和睦。

7.看破不点破，人情留一线

《菜根谭》："待人而留有余，不尽之恩礼，则可以维系无厌之人心；御事而留有余，不尽之才智，则可以提防不测之事变。"说的就是凡事留有余地的作用。

积极心理学家建议：生活中，对于有些人做的不妥之事，即使我们已经看破他的心思，也要把握好分寸，给对方留面子，最好不要点破。

齐国一位名叫隰斯弥的官员，住宅正巧和齐国权贵田常的官邸相邻。田常为人深具野心，后来欺君叛国，挟持君王，自任宰相执掌大权。隰斯弥虽然怀疑田常居心巨测，不过依然保持常态，丝毫不露声色。

一天，隰斯弥前往田常府第进行礼节性的拜访，以表示敬意。田常依照常礼接待他之后，破例带他到邸中的高楼上观赏风光。隰斯弥站在高楼上向四面眺望，东、西、北三面的景致都能够一览无遗，唯独南面视线被隰斯弥院中的大树所阻碍，于是隰斯弥明白了田常带他上高楼的用意。

隰斯弥回到家中，立刻命人砍掉那棵阻碍视线的大树。

正当工人开始砍伐大树的时候，隰斯弥突又命令工人立刻停止砍树。家人感觉奇怪，于是请问究竟。隰斯弥回答道："俗话说'知渊中鱼者不祥'，意思就是能看透别人的秘密，并不是好事。现在田常正在图谋大事，就怕别人看穿他的意图，如果我按照田常的暗示，砍掉那棵树，只会让田常感觉我机智过人，对我自身的安危有害而无益。不砍树的话，他顶多对我有些埋怨，嫌我不能善解人意，但还不致招来杀身大祸，所以，我还是装着不明不白，以求保全性命。"

一个人知道了别人不知道的事，难免会产生一种优越感，但对于这种旁人不及的优点,我们必须隐藏起来,以免招来祸事。

在人际交往中,有些事心里明白即可,不一定非得说出来。适时地装一下糊涂,有百益而无一害。因此,即使你能看透对方的内心,也不要点破,更不要胡乱散播,到处宣扬,因为这样很可能会给自己带来生存危机。

有的人,在与人交流的时候,丝毫不考虑别人的感受,想怎么说就怎么说,就连别人避讳的敏感问题,也要穷追不舍地问下去,最后往往闹得不欢而散。但是如果你能给别人留有一定的余地,在别人不想说的时候就转移话题或者停止追问,这样不但能获得别人的感激,同时也会获得别人的尊重。

有一家电视台,开办了一个访谈节目。这个节目采访的人物各种各样,有名人也有平凡的小人物。这个节目的主持人牙尖嘴利是出了名的,每次在采访别人的时候,尤其是名人,他总是不停地追问被访者的隐私,以致常常在谈话的时候出现尴尬气氛。有一次,一位嘉宾被追问得当场发起了火来:"你怎么做节目的,你这样做节目谁还敢接受你的提问啊!"坐在演播室里的观众都吓了一跳。幸好这个节目不是现场直播。

这件事情给节目的声誉造成了非常坏的影响,于是这个主持人被电视台要求休息一段时间。

电视台重新选了一个人来主持这个节目,这个主持人的风格以温和、宽容见长,跟嘉宾交流的时候,非常注意避讳嘉宾的敏感话题,嘉宾不想回答的时候,他就马上转移话题。嘉宾非常感激他的这种做法,反而因为没有感到压力,敞开胸怀,侃侃而谈,竟然说出了很多不为人知的事情,这样收视率自然就高了。这个主持人的主持风格受到了众多名人的喜欢,所以这家电视台在邀请名人上节目的时候,再也不像以前那样吃力了。

人与人相处时,给人留下余地就是给自己留下余地。有的人说话的时候总是喜欢把人逼到死角里,让人没有办法回答,仿佛这样就战胜了别人赢得了胜利一样,其实,你以什么样的方式对待别人,别人也会用什么样的方式对待你。

给别人留有余地也是宽容的表现,也是维护人际关系必要的手段。

俗话说:"人情留一线,日后好见面。"这个世界说大也大,说小也小。人海茫茫也会狭路相逢,你今天得理不饶人,又怎么知道他日会不会与那人相遇呢?给别人留余地,就是给自己留余地。给别人方便,就是给自己方便。

要知道,生活中有很多尴尬是由自己一手造成的,其中有一些就是因为话说得太绝。凡事多些考虑,留有余地,总能给自己留条后路。这在外交辞令中是见得最多的。不知你是否发现,每个外交部发言人都不会说绝对的话,要么是"可能,也许",要么是含糊其辞,以便一旦有变故,可以有回旋的余地。

人在犯错时,也许会对自己承认,但如果被人直言不讳地指出来,则往往很难接受,甚至会为维护自尊而展开反击。而如果你只看破,不点破,不但可以维护正常的社会关系,而且没有任何人会受到伤害,何乐而不为呢?

所以,为人处世留余地,得饶人处且饶人,不让别人为难,不让自己为难,让别人活得轻松,让自己活得潇洒,这就是做人要留有余地的妙处。

看清看透是能力,"不点破"是大智慧;水至清则无鱼,人至察则无徒;话到嘴边留三分,不要把什么都说破。做人不必太计较,糊涂一点更难得;宽容待人,给人留余地,就是给自己空间。

第三章

淡泊之乐

——宁静致远，不贪名利

　　积极心理学认为：低调不张扬的态度，能让人保持个体独立的人格和操守。不追求名利，不贪求功禄，过着简单而朴素的生活，心境才能达到安宁，从而实现远大的人生目标。

1.同流世俗不合污,周旋尘境不入俗

积极心理学家认为:方圆结合才是处世之道,只要保持了内心的高贵与正直,环境的束缚不是那么重要。

《菜根谭》有语:"处治世宜方,处乱世宜圆,处叔季之世当方圆并用;待善人宜宽,待恶人当严,待庸众之人宜宽严互存。"处在太平盛世,待人接物应严正刚直;处天下纷争的乱世,待人接物应随机应变、圆滑老练;处在国家行将衰亡的末世,待人接物要方圆并济,交相使用。对待善良的人,态度应当宽厚;对待邪恶的人,态度应当严厉;对待一般平民百姓,态度应当宽厚和严厉并用。

当我们处于一个污浊的环境中时,如果能保持"万花丛中过,片叶不沾身"的操守,便不急于撇清自己与这个世界的关系。这也是方圆之道。

所谓方圆,古人早有诸多论述。老子的理想道德是自然,是天地;孔子的理想道德是中庸,是适度,是不偏不倚。这些观念作用于人际,便能促成一种更加和谐的平衡。当然前提是浊世里不管外有多"圆",都要守住内心的"方",守住自己的道德底线。

其实,我们之所以不赞成"众人皆醉我独醒"式的清高,是因为没有一个人能够彻底摆脱这个世界,即便是浮萍,也需要一汪任其漂泊的流水,更何况没有几个人从心底里愿意做那无所束缚却也无依无靠的浮萍。

孙叔敖原来是位隐士,被人推荐给楚庄王,三个月后做了令尹(相当于后世的宰相)。他善于教化引导人民,因而使楚国上下和睦,国家安宁。

有位狐丘老人,很关心孙叔敖,特意登门拜访,问他:"高贵的人往往有三怨,你知道吗?"

孙叔敖回问："您说的三怨是指什么呢？"

狐丘老人说："爵位高的人，别人嫉妒他；官职高的人，君王讨厌他；俸禄优厚的人，会招来怨恨。"

孙叔敖笑着说："我的爵位越高，我的心胸越谦卑；我的官职越大，我的欲望越小；我的俸禄越优厚，我对别人的施舍就越普遍。我用这样的办法来避免三怨，可以吗？"

狐丘老人感到很满意，于是走了。

孙叔敖按照自己说的做了，避免了不少麻烦，但也并非一帆风顺，他曾几次被免职，又几次被复职。有个叫肩吾的隐士对此很不理解，就登门拜访孙叔敖，问他："你三次担任令尹，也没有显得荣耀；你三次离开令尹之位，也没有露出忧色。我起初对此感到疑惑，现在看你的气色又是如此平和，你的心里到底是怎样的呢？"

孙叔敖回答说："我哪里是有什么过人的地方啊！我认为官职爵禄的到来是不可推却的，离开是不可阻止的。得到和失去都不取决于我自己，因此才没有觉得荣耀或忧愁。况且我也不知道官职爵禄应该落在别人身上呢，还是应该落在我的身上。落在别人身上，那么我就不应该有，与我无关；落在我身上，那么别人就不应该有，与别人无关。我正心安理得、悠闲自在，踌躇满志、四处张望，哪里有功夫顾得上什么人的贵贱呢！"肩吾对他的话很钦佩。

孔子后来听说了这件事，很有感慨地说："古代的真人，有智慧的不能说服他，美女不能使他淫乱，强盗不能劫持他，就是伏羲、黄帝也不能跟他结为朋友。死和生对于人是极大的事情了，可都不能改变他的操守，何况是官职爵位呢？像他这样的人，精神穿越大山无阻碍，潜入深渊也不会被水沾湿，处于卑微地位不会感到狼狈不堪。他的精神充满天地。他越是给予别人，自己越是感到富有。"

孙叔敖后来得了重病，临死前告诫儿子说："楚王认为我有功劳，因此多次想封赏我土地，我都没有接受。我死后，楚王为了回报我生前的功绩，一定会封给你土地，你千万不要接受富饶的土地。在楚国和越国之间，有个地方叫寝丘，这个地方土地贫瘠,而且名字很不好听。楚国人信奉鬼神,越国人讲求吉祥,都不会争夺这个地方,因此这个地方可以长久据有它。"

孙叔敖死后,楚王果然要封给他儿子一块相当好的土地,他儿子辞谢不受,只请求寝丘之地,楚王答应了他的请求。楚国有规定,分封的土地不许传给下一代,唯有孙叔敖儿子的封地可以世代相传。

孙叔敖没有被免职和复职的风波扰乱心绪,而是物来则应、物去不留的淡然心境。为人处世,我们确实需要一颗方正的心。有圆无方,则谓之太柔,太柔之人缺筋骨,乏魄力,少大志,在生活中难以有大作为;但若有方无圆,则性情太刚,太刚则易折。

"众人皆浊我独清,众人皆醉我独醒",自由却清高自傲,很多时候只能换来屈原式的含恨离世或文人式的抑郁不得志。与之相较,同流世俗不合污,周旋尘境不流俗或许才是更加明智的选择。这也是王阳明的处世之道。

在现实生活中经常愤世嫉俗,牢骚满腹,自命不凡却又处处碰壁,遇挫折则缺少变通,很容易歇斯底里,自暴自弃,把自己推向极端。

2.名利如玩具,千万别当真

积极心理学认为:名利像玩具,千万别拿它当真;唯有不被名利束缚的人才能窥见名利背后的生活的真谛。

谢先生在一家工艺品店看到一副对联,青花瓷字,镶在两片大板上,显得很突出,字体属草书,约是清朝中叶烧制的。问价钱,不便宜,他心想以后再说吧。过了半年,又路过那家工艺品店,青花瓷字对联还在,谢先生再问一次价钱,比原来要便宜一些,但他还是觉得贵了些,摸摸看看,许久才下决心离开。

又过了几个月,谢先生整理家具时忆起那一副对联,他又到工艺品店去。

老地方,谢先生一眼就看见,对联还放在那里,他又一次问价,老板微笑着说了一个价格,谢先生实在讶异,顺口又问:"怎么比第一次开的价钱少一半?"

谢先生实在喜欢这副对联,价格又合适,这次他毫不犹豫地就买下了。他将对联带回家,挂在客厅里,中间是达摩祖师的画像,右联"有忍乃有济",左联"无爱即无忧"。远看近看都庄重,谢先生十分喜欢。

谢先生从此与老板熟悉起来,有一次,谢先生说:"古董业有行无市,胡乱开价,不大好吧?"

老板说:"没错,物件买卖总是如此,有人爱就有人抬,告诉你,那一副对联原价比卖给你的多一倍,你知道为什么吗?"

谢先生摇摇头,老板说:"有的商人看准了顾客的心理,这个时期,爱情都买得到,何况是物件,所以啦,爱而不忍,只得花钱当冤大头。你说的有行无市,正是这样起因的……"

"对不起,"谢先生插话,"我想知道,为什么便宜卖给我对联?我并不特别,是很平凡的一个人。"

老板哈一声:"就是了,我也是平凡人。问题是,现在有太多自以为了不起的人,平凡人反而少见呢。"

谢先生一时无语。老板取换茶叶,茶壶空着,谢先生顺手拿来看,吃了一惊,茶壶是清朝的古董。老板将一撮茶叶放进茶壶,漫不经心的样子:"看出来啦?别玩儿茶壶,假货多,真货贵,让那些有钱人去玩儿吧,过几天也许就卖出去了,你不妨多看几眼但不必问价钱。"

老板倒水入壶:"我说呢,你做个参考吧,玩古董跟做人一样。记得,无忍则无济,有爱即有忧,这是倒过来思考,不是大哲理,却是很多人做不到的。"

几个月之后,谢先生再去那家店,发现店已关闭了,邻居说老板已经去世了。一个30岁左右的妇人说："他啊，怪人一个！连钱都不爱，乐乐呵呵的，生前卖掉所有的古董，然后不久就去了。不太了解他，奇怪，问他做什么？"

看看世间，有多少人正把玩具当成自己真正的人生死守不放呢？

世人正是因为对名利的贪爱才不忍舍己救人，也因此而产生了无尽的烦恼，一个不热衷名利的人甚至会被当成异类。殊不知，唯有不被名利束缚的人才能窥见名利背后的生活的多彩。

玛丽·居里出生在波兰华沙，1891年进入巴黎大学学习，1893年和1894年分别取得了物理学硕士和数学硕士学位。1895年，玛丽·居里与皮埃尔·居里结婚，开始了对放射性元素的研究。1898年7月，他们发现了一种新元素，命名为钋。同年12月26日，他们又发现了一种比铀的放射性要强百万倍的新元素镭。但是当时还没有实物来证明镭的存在，科学界对他们的发现表示怀疑，也没有机构同意为他们提供实验室做研究。

居里夫妇只好在一个简陋的大棚子里做实验，历经了四年的艰辛提炼后，他们终于从8吨沥青铀矿渣中提取了0.1克纯镭，价值超过1亿法郎。这不仅赢得了科学界人士的普遍认可，而且使他们成为核物理学的奠基人，居里夫妇还因此共同获得了1903年诺贝尔物理学奖。

1907年，居里夫人提炼出了氯化镭。1910年，她测出了氯化镭的各种特性，并以《论放射性》一书成为放射化学的奠基人。"由于对科学的执着与贡献"，居里夫人于1911年获得诺贝尔化学奖。

正是这样在科学领域上享有盛名的居里夫人，生活却极为简朴。曾有一位记者要采访她，当来到一所简陋的房子前，记者看到一个衣着简朴的妇人赤脚坐在台阶上洗衣服，他过去询问居里夫人的住处，当那妇人抬起头时，记者大吃一惊，原来她就是居里夫人。

当初发现了镭之后，居里夫妇讨论如何处理那些请求他们告诉提炼镭的方法的信件，整场交谈在五分钟之内就结束了。居里先生说："我们必须在两个途径中选择一个，一是无偿公开镭的提炼方法……"居里夫人说："这样很好，我赞同。"居里先生说："二是将提炼方法申请专利，以后任何人想提炼镭都要经过我们的同意，并且我们的孩子可以继承这一专利。"居里夫人不假思索地说："这违背了科学精神，我们还是选第一个办法吧。"于是，他们向世界公开了镭的提炼方法和其他相关资料。

有一位女性朋友去居里夫人家里拜访她，发现她的小女儿正拿着英国皇家科学院颁给居里夫人的金质奖章在玩儿，朋友大吃一惊，问道："你怎么能把这么宝贵的东西给孩子玩儿呢？"居里夫人回答："我想让孩子从小就懂得，荣誉就像玩具，只能玩玩而已，绝不能永远守着它，否则就将一事无成。"

居里夫人以高尚的情操和献身科学的精神教育孩子，她的女儿伊雷娜后来也成为一名科学家，并像母亲那样获得了诺贝尔奖。

"一个人不应该与被财富毁了的人结交来往。"这是居里夫人的名言，而她也正是这样做的，不让自己被名誉和财富毁掉。当初那价值超过1亿法郎的0.1克纯镭，对于生活极其简陋的居里夫人并没有造成任何影响，她坦然地将0.1克镭无偿捐赠给了实验室，这份视名利如浮云的豁达实在令人赞叹。

正是因为居里夫人懂得名利就像玩具一样，偶尔拿来玩玩还可以调剂生活，但若是抱住不撒手，生活反而会被它给毁了，所以她才能头脑清楚地将名利放在一边，在科学研究中享受莫大的人生乐趣。

3.你的幸福要参照你的标准

生活中，只要细心留意，就会发现，种种由攀比而导致的闹剧、悲剧几乎每天都在上演。

积极心理学说：如果我们对生活现状不满意，就想一想过去的艰苦岁月，比一比那些仍然缺吃少穿的人，给自己一点安慰，它会让你感受到幸福和快乐无时不在，无所不在。

那些整天过得闷闷不乐，对自己的处境感到不满的人，并不一定是因为自己的处境有多么悲惨，而是因为他们暗自将自己的生活状况拿去和别人攀比，看到生活状况比自己好的朋友、同事、同学等，就总觉得别人比自己更幸运、更幸福。而自己呢？无形之中好像就成了最不幸的一类人。这样一来，还怎么能够活得开心，过得幸福呢？

曾有一位年过七旬的老人，在参加战友聚会回来之后，因脑出血而住进了医院，多亏抢救及时才保住了生命。原来，在聚会时他知道了现在战友们的生活情况要比自己好许多，他们留在部队的，有的到了正军级，当上了将军，最普通的也是师级干部；转业从政的战友中，有的成了厅局长，有的是县处级；复员转业后经商的人，更是让人刮目相看，个个财大气粗，穿着名牌，住着别墅，开着豪车……老人一想到自己，转业后只当了个小工厂的车间主任，单位效益不好，退休后养老金不多，再加上老伴看病、儿子下岗，一家人的日子过得紧巴巴的。和他们比一比，再想想自己，越比越生气，一着急差点送了命。

俗话说：人比人，气死人。如果两个人真要攀比，就算两人都是亿万富翁，恐怕攀比的结果也不会让自己如意。正所谓金无足赤，人无完人。虽然两人的财富一样多，但是生活上总会有差距。总拿自己的短处去比别人的长处，如此一来，岂不是自己跟自己过不去么？事物总是在不断变化的，生活中我们应保持一颗平常心，不以物喜，不以己悲，在待遇和生活方面不与比自己高的人去比。美国作家亨利·曼肯说："如果你想幸福，有一件事非常简单，就是与那些不如你的人，比你更穷、房子更小、车子更破的人相比，你的幸福感就会增加。"而盲目的攀比，则会毁掉一个人的幸福，让人痛苦不堪。

一只乌鸦看到老鹰叼走了一只绵羊羔，嘴馋的乌鸦于是想，老鹰能抓羊，我为什么就不能呢？老鹰有爪子，我也有，老鹰会飞，我也会。最后，不甘心的乌鸦便决定仿效老鹰的样子：它盘旋在羊群上空，盯上了羊群中最肥美的那只羊。它贪婪地注视着那只羊，自言自语地说道："你的身体如此丰腴，我只好选你做我的晚餐了。"说罢，乌鸦呼啦啦带着风直扑向那咩咩叫着的肥羊。

结果是：乌鸦不仅没把肥羊带到天空，它的爪子反而被羊鬈曲的长毛紧紧地缠住了。这只倒霉的乌鸦脱身无术，只好等牧人赶过来逮住它并把它投进笼子，成了孩子们的玩物。

我们常常觉得自己过得不快乐，那是因为我们追求的不是真正的幸福，而是"比别人幸福"；不要去和别人攀比，幸福不幸福，快乐不快乐只有自己知道，选择适合自己的就行了，适合你的，就是最好的。此外，还应该注意到，攀比心理主要来源于对他人的嫉妒，人一旦陷入这个旋涡就难以自拔，久而久之定会损己害人。

懂得满足，适当放低自己的幸福底线，不要奢求太多，经营好现在所拥有的，人才会自得其乐，从而避免很多不必要的事情发生。克服攀比心理，生活才会充满阳光，我们才不至于让攀比毁了自己的幸福。

从前，有一只小老鼠整天被猫追来追去，它感到十分烦恼。于是，它去求见上帝,央求上帝说:"你把我变成猫吧,这样我就不用被猫追了。"

上帝答应了,把它变成了猫。可是变成猫以后,"小老鼠"又被狗追来追去,它觉得还是老虎比较厉害,于是又央求上帝把它变成了老虎。可是,变成老虎它还是不满足,又苦苦哀求上帝把它变成大象,上帝没办法就答应了它。小老鼠变成大象后,突然有一天它的鼻子痒得受不了,它恨不得把自己的鼻子割下来,后来从它的鼻子里边钻出来一只小老鼠。

这时,它才明白,原来做小老鼠也挺好的。从此以后,小老鼠再也不攀比了。

每个人都应该尽早认清自己,回到自己的生活中来,去寻找自己的幸福,不要总把目光放在别人的身上。就像上面这个小故事里的小老鼠一样,什么都想和别人攀比,等绕了一大圈回来,才发现,原来的自己其实才是最好的。

不和别人攀比,保持平和心态,是一种修养,同时也是一种生活的智慧,渴望幸福的人们,幸福就在你们的身上,还和别人攀比什么呢?

幸福具有普遍性和特殊性。它的特殊性属于每一个人。幸福是自我,因此幸福属于每一个人。

据心理学家调查,《福布斯》富豪榜上的富翁和生活在纽约地铁站的流浪汉回答感到快乐的比例差不多,太平洋岛国的土著人与后工业化时代的人们的幸福感也非常相近。正如一棵青草虽然没有乔木的高大,却衍生了"更行更远还生"的顽强生命力。

城市万家灯火的喧嚣也许让你如痴如醉,但"采菊东篱下,悠然见南山"的情愫也许更使你流连忘返魂牵梦萦。幸福犹如天上点点闪烁的繁星,总有一颗属于你。

人都有自己的人生轨迹和道路。有的坎坷,有的平坦,又怎能要求每个人都能有同样的终点和目标呢?有人高歌,有人悲泣。有的人生一帆风顺,有的人生百转千回,四处碰壁,满身的伤痛和疲惫。不同的人生,有不同的道路,不同的选择。路不在好,适合自己走的就是好路。

如果你把确定自己是否幸福的标准建立在与别人的比较中,那么你的生活中就充满了不满足和遗憾。

4.得之我幸,失之我命

人生总是有得有失,得到了这个,失掉了那个,有的人很贪心,想要把一切都攒在手里,失掉了某一样都变得不开心,这样其实是没有参透得失的本质。

积极心理学家说:人生的本质就是快乐,每天都快乐地活,不必为了一些身外之物黯然神伤,焦虑不已。

在得失之间要有一颗平常心。塞翁失马的故事我们都听说过,在这个故事中塞翁失去了很多东西,但是唯一不变的就是他快乐的内心,他始终保持着一个平和的心态。

要以"得之我幸,失之我命"的坦然去乐观看待整个人生,拥有这样的心态我们自然能够保持快乐。

东晋大诗人陶渊明向来被世人奉为安贫乐道、高洁傲岸的精神典型,一段《五柳先生传》便足以为证:

"环堵萧然,不蔽风日;短褐穿结,箪瓢屡空,晏如也。常著文章自娱,颇示己志。忘怀得失,以此自终。"

想当初,那不为五斗米折腰的陶潜,也曾有过报效天下之志,十三年的仕宦生活是他为实现"大济苍生"的理想抱负而不断尝试、不断失望、终至绝望的十三年。然而终究,他轻赋《归去来兮辞》,挂印辞官,彻底与上层统治阶级决裂,毅然不与世俗同流合污。对于所谓的世事得失,这怎是一个潇洒了得。

回归故里后,陶渊明一直过着"夫耕于前,妻锄于后"的田园生活。初时,生活尚可,"方宅十余亩,草屋八九间""采菊东篱下,悠然见南山",虽简朴,却乐在其中。

后住地失火,举家迁移,生活便逐渐困难起来。如逢丰收,还可以"欢会酌春酒,摘我园中蔬"。如遇灾年,则"夏日抱长饥,寒夜列被眠"。然而,其安然于得失的本色,丝毫不改,稳于心中。

陶渊明的晚年生活愈加贫困,却始终保持着固穷守节的志趣,老而益坚。元嘉四年(427年)九月中旬,神志尚清时,他为自己写下了《挽歌诗》三首。在第三首诗中末两句说:"死去何所道,托体同山阿。"如此平淡自然的生死观,情也飘逸,意也洒脱。

或许,对于陶先生的境界,我们一时无法企及,但至少能做到的,便是抱有一颗淡泊明志、从简修行的心。平静面对得失,执着于自身超脱;固然炎凉冷暖,又何碍于以冷眼旁观,泰然自若。

得到的并不一定是最好的,也并非是让我们刻骨铭心的——但这却是属于我们能够拥有的。得不到的就不要执迷于此,失去也未必不是一种简单和轻松。清风两袖间,更显得飘逸和潇洒。

世界上有两种人,他们的健康、财富以及生活上的各种享受大致相同,结果却是,一种人快乐,而另一种人却得不到快乐。杭州灵隐寺中有一副对联,上联是"人生哪能多如意",下联是"万事但求半称心"。有时若是因失去了身外之物,而丢掉了好心情就太看不开了,可谓得不偿失。

在人生的道路上,每个人都在不断地积累着令自己烦恼的东西,包括名誉、地位、财富、亲情、健康、知识、事业、人际关系,等等。这些东西压得人们喘不过气来,使人们失去了原本应该享受的乐趣,增添许多无谓的烦恼。一旦失去其中一种便会大为在意,甚至恼火沮丧,要"想办法夺回来"。

其实人生就那么几十年,金钱、地位,等等,一切都不能一直陪伴我们,人死了之后也什么都带不走,若是一直焦虑沮丧、患得患失,那就太不值得了。

有个富人叫作白正,他感到每天都不快乐,听说在偏远的山村里有一位得道的高僧,他便把所有家产换成了一袋黄金,去找高僧。

他对高僧说:"高僧!人们说你是无所不知的,请问在哪里可以买到全然的快乐的秘方呢？"

高僧说："我这里的快乐秘方价格很贵，你准备了多少钱，可以让我看看吗？"

白正把沉甸甸的锦囊拿给高僧，没有想到高僧连看也不看，一把抓住锦囊，跳起来就跑掉了。

白正非常吃惊，四下又无人，只好自己追赶高僧，可是跑了很远也没有见到高僧的身影，他累得满头大汗，在树下痛哭。

正当白正哭得厉害之时，他突然发现被抢走的锦囊就挂在枝丫上。他取下锦囊，发现黄金还在。一瞬间，一股难以言喻的快乐充满他全身。

高僧从树后面走出来，说道："凡人不懂得得与失的平衡，自以为失要痛哭，得要欢喜，抛却了这种观念你才能真正快乐啊。"

白正叩谢禅师，回去之后开始劳动，每天都很快乐。

人生最大的障碍和不自在，就是受外界的牵制。对外在虚假的认同，破坏了我们心灵的统一。却不知道绝对的本体是超越时间、空间和因果律的范畴。

人们总喜欢羡慕别人，却忽略了自己所拥有的。很多人总是渴望获得那些本不属于自己的东西，而对自己拥有的却不加以珍惜。其实，我们每个个体之所以存在于世界上，自有它存在的意义。因此，安心做自己的人，才是智慧的人。

5. 坦然面对"失"，豁然正视"得"

日常生活中，我们常常会犯患得患失的错误。面对一个机会，明明是平日里非常想要得到的，但是在难得的机会面前，我们却逃避、害怕，不想承担，完全忘记了自己以往想念时候的苦闷,既不能坦然面对"失",又不能豁然正视"得"。

积极心理学认为:摆正自己的位置,忠于内心的声音,患得患失就不复存在。

从前,有一个名叫后羿的人,他箭法精准、百步穿杨,而且不管是立射、跪射还是骑射,等等,他的箭几乎从没偏离过靶心。人们都非常佩服他,他神射手的名声就传到了夏王的耳朵里。

一天,夏王将后羿召进宫殿,很想亲眼看看他的精彩表演。于是后羿被带到夏王御花园的开阔地。那里设有一个一尺见方、靶心直径一寸的兽皮箭靶。

这对后羿来说根本不算什么。可是,正当后羿要拉弓射箭的时候,夏王说:"为了给这次表演增加一点紧张气氛,我来给你定个赏罚规则。如果先生射中的话,我就赏赐给你万两黄金,但是如果你射不中的话,我就要减你一千户封地。"话毕,往日沉稳、镇定的后羿就有了几分变化,脸色凝重,心慌意乱。他沉重地取出一支箭,犹豫地上弓,慢慢举起,摆好姿势,拉弓、瞄准。可是,后羿却良久不射,一想到自己这一箭的关键性,他拉弓的手也变得不自信了,微微颤抖;瞄准的眼睛也不够闪亮,怅然失神;他坚定的心也开始摇摆,乱了节奏……

"啪!"——后羿失手了,箭离靶心几寸远,这是很糟透的结果。第二箭,更是偏得离谱!后羿勉强赔笑,告辞离宫,心中无限失落。

夏王也是非常失望,本想欣赏百步穿杨的精彩画面,谁知后羿却大失水准。

夏王手下的大臣解释道:"后羿平日射箭,随心而射,一颗平常心让他百射百中。可是,今天他的行为却攸关切身利益,所以影响了神射技术。看来,人只有真正将外在利益看淡,才可成为名副其实的神射手啊!"

射箭手后羿,平日神射不在话下,但是当面临利益问题的时候,就有了患得患失的情绪。人说:手随心动,后羿的心乱了,手自然不听使唤,出现这样的结果也在所难免。

后羿其实就是我们每个人的例子,当我们面临对自己非常重要的事物时,通常都因过分的在意结果而导致不能发挥出平日应有的水平,甚至大失水准。

　　患得患失既是一个人成功的大忌,也是一个人幸福生活的大忌。一旦我们产生患得患失的心理,自然忧心忡忡,不知所措;一旦我们产生患得患失的心理,自然不可能用平常心对待,这样当然难有所为。

　　人常说:输不起,就别玩。可是,人生的道路不可能让我们选择不玩,所以,我们必须要输得起,只有输得起,人生路才能走得更好,才能玩得更快乐。

　　拥有了输得起的心态,你能看淡一切,只会一心一意地做自己的事情,如此,输了也不怕,输了也可以站起来。

　　人生就像一场赌局,输得起才敢于挑战精彩的人生,输得起才不会畏畏缩缩地对待成败,输得起才能够承受来自各个方面的压力,输得起才能够更从容地应对一切,输得起才能够保持清醒得头脑,不管是面临挑战,还是面对失败,都可以"赢"得人生。

　　在比赛场上,如果输赢心思太重,就会变得缩手缩脚、心理失衡,就一定会影响自己的发挥,不可能取得好成绩。赛场上,比的不光是你的技术,最重要的还有你的心态。越是渴望胜利,越是赢不了。输不起的人,永远也不能潇洒地赢;反之,能抵抗住压力的人,都是好样的。

　　当我们太看重得失,就走入了心理误区和状态死角,很难潇洒自如地做动作,很难冷静地思考问题,很难专心地做自己,这样,我们要面临的就一定是失败。但是,失败并不是真正的结果。漫漫人生路,我们不能够沉浸在失败的阴影中而不能自拔。当我们面对比赛时,保持平常心就好;当我们输了,不要再输就好。只有我们拥有输得起的精神,才可以不被打倒。

　　"怕什么,来什么"或许就是这个道理。切记:不怕输,才能够更好地赢。勇敢地面对"患得患失"并想方设法克服它,只有这样,才能有所作为!

6.心乐观,人生处处皆风景

不要埋怨生活给了你太多的压力，也不必抱怨前进的路途上有太多的曲折,不经一番风霜苦,哪得梅花扑鼻香? 大海要是没有了汹涌的波涛,就会失去其壮阔;沙漠如果没有了飞沙的狂舞,就会失去其壮观;人生如果仅求得两点一线的平淡度日,生命也就失去了其存在的魅力。

第二次世界大战结束后的德国到处是一片废墟。美国社会学家戴维·波普诺在访问德国期间,曾到一户住在地下室里的德国居民那里进行采访。

离开那里之后,同行的人问波普诺:"你看他们能重建家园吗?"

"一定能。"波普诺肯定地回答。

"为什么回答得这么肯定呢?"

"你看到他们在地下室的桌上放着什么吗?"

"一瓶鲜花。"

"对,"波普诺说,"任何一个民族,处在这样困苦的境地,还没有忘记爱美,那就一定能在废墟上重建家园。"

在废墟之中始终装载着充满希望的生命之花,这是多么让人敬佩和振奋的事情。人生到底是上升还是下坠,完全取决于我们如何去看待它,倘若在遭受打击之时,仍然能够体会到生命的美好之处,找到象征生命的希望之花,那么你就一定能够走出人生的沙漠,找到属于自己的绿野山泉。

加拿大曾有个穷孩子琼尼,因为智商低,学校的功课总是跟不上,学校只好劝他退学。为了安慰他,学校请了一位心理学家和他谈了一次话。心理学家告诉他:工程师可能不识乐谱,医生不一定会绘画,你被劝退学了,但不等于没出息。这番话对他产生了很大的影响。后来,他长年给别人整建园圃,修剪花草。二十年后,他成为闻名全加拿大、受人尊敬的风景园艺家。

积极心理学说:要想征服世界,首先要征服自己的悲观情绪。

乐观的人拿到一个柠檬,会说:"我可以从这件不幸的事情中学到什么呢?我怎么样才能改善我的状况,怎样才能把这个柠檬做成一杯柠檬汁呢?"而悲观的人却正好相反,要是他发现命运只给他一个柠檬,他就会自暴自弃地说:"我完了。这就是命。我没有任何机会。"

其实,失败和挫折都是暂时的,只要你敢于微笑;误解和仇恨也是暂时的,只要你宽容待之。

美国现代成人教育之父卡耐基,碰到过一个满脸微笑却没有双腿的人。

班·福特森微笑着告诉卡耐基:"事情发生在多年以前,我砍了一大堆胡桃木的枝干,准备做我的菜园里豆子的撑架。我把那些胡桃木装上车然后开车回家,在途中,一根树枝突然滑到车上,卡在引擎里,恰好是在车子急转弯的时候。车子冲出路外,把我撞在树上。那年我24岁,双腿被截肢了,从那以后就再也没有走过一步路。"

卡耐基问:"那你怎么能够接受这个残酷的事实?"

他说:"我以前并不能这样。"他说他当时充满了愤恨和难过,抱怨自己的命运。可是时间仍一年年过去,他终于发现,愤恨除了让他对别人的态度越来越恶劣以外,什么也做不成。"我终于了解到,"他说,"大家对我都很好,很有礼貌,所以我至少应该做到的是,对别人也有礼貌。"

卡耐基又问:"经过了这么多年以后,你是否还觉得碰到那一次意外是一次很可怕的不幸?"

班·福特森很快回复说:"不会了。"他顿了顿说,"我现在几乎很庆幸有过那一次事故。"

他告诉卡耐基,当他克服了当时的震惊和悔恨之后,就生活在了一个完全不同的世界里。他开始看书,对好的文学作品产生了兴趣。而且在那以后的14年间,他至少阅读了1400本书,这些书为他打开了一个崭新的世界,他的目光和思想一下子丰富多彩起来。最重要的是,他学会了思考。

班·福特森说:"我能让自己仔细地看看这个世界,有了真正的价值观念。我开始了解,以往我所追求的事情,大部分实际上一点价值也没有。"

遭遇不幸,自怨自艾、抱怨他人,都徒劳无益,只会让你在痛苦中越陷越深。世界首富比尔·盖茨曾说:"在你成功之前,没人会顾及你的感受。"

"宠辱不惊,闲看庭前花开花落;去留无意,漫随天外云卷云舒。"既然悲观于事无补,何不用乐观的态度来看待人生呢?悲观是瘟疫,乐观是甘霖;悲观产生平庸,乐观产生卓绝。悲观蒙住你的双眼,让你无法前行。乐观看待,你会发现"青草池边处处花""百鸟枝头唱春山"。悲观看待举目只是"黄梅时节家家雨",低眉即听"风过芭蕉雨滴残"。人生何处无风景,保持乐观才能看遍天上胜景,览尽人间春色。

7.万事皆缘,随遇而安

《菜根谭》上说:"万事皆缘,随遇而安。"人生的自得与悠然欢喜全靠这"随缘"的心境。随遇而安,随缘生活;随心自在,随喜而作。若能一切随他去,便是世间自在人。要做世间自在人,就要先从内心做起,内心不受到拘束,也不受到干扰才行。"随遇而安,随喜而作"的人生态度不仅是一种洒脱,更是一种境界。

第三章　淡泊之乐
——宁静致远，不贪名利

积极心理学认为：如果我们都能够有一种无牵无挂、无忧无虑、知足豁达的人生态度，一份淡泊宽大的心境，那么无论我们身在何处，都能够拥有属于自己的生活。

一个旅行者在草原上被一只狂怒的野兽追赶。旅行者为了逃生，跳到一口无水的井中，然而，他看见井底有一条龙，张着血盆大口想吞噬他。这个不幸的人不敢爬出井口，否则会被狂怒的野兽吃掉；他也不敢跳入井底，否则会被巨龙吞噬。他抓住井缝里生长出来的野灌木枝条，死死不放。他的手越来越无力，他感到不久就会向危险投降，那危险正在井口和井底两头等着他。他仍然死死地抓住灌木。忽然，两只老鼠绕着他抓住的灌木主枝画了一个均匀的圆圈，然后开始啃噬。灌木随时都会断裂震掉，他也会随时落入龙的巨口。旅行者目睹着这一切，深知必死无疑，而在他死死抓住灌木的时候，却看见灌木的树叶上挂着几滴蜜汁，他便把舌头伸过去，舔舐着那或许是他最后的快乐。

旅行者都已经马上要死了，还敢去舔舐蜜汁，我们尚有众多的选择和后路，为什么不能把事情往好处想，逐步地适应呢！

人之于世本来就渺小脆弱，可还是经常自我膨胀，缺乏清醒的自我定位，这往往是造就太多遗憾的根源，于是挫败也在所难免。面对失败挫折你得学会随遇而安，随遇而安是对挫败者的一剂良药，是人生的另一种坦荡，是一种成熟后的胸怀。

随缘是一种健康的心态，也是一种意境，又是一种人生的态度，从更深的层次看，随缘更是一种待人处世的思维方式。或者说，随缘是一种随着形势发展而行事的观念，也是一种与时俱进的体现，是一种美满人生的乐观心态。

宋朝有一座庙，庙门上有一副对联："得一日粮斋，且过一日。有几天缘分，便住几天。"这是一种万事随缘的心境，从不为外物所累，"有粮多吃，无粮少吃"并不是要我们万事消极，而是说在没有粮的情况下不要哀叹粮食不足，而要享受这一过程,因为即便哀叹得再厉害,"粮食"也不会凭空多出来。

丹霞天然禅师从小就学习儒家经典,长大后打算进京赶考,却在路上遇到了一位行脚僧,僧人便问:"您这是要到哪里去?"

丹霞禅师回答说:"赶考去。"

僧人说道:"赶考怎么能比得上选佛呢?现在江西的马祖道一禅师出世,您可以到那里去。"

于是丹霞禅师就改道南行,毅然放弃了赴京赶考的打算,来到江西去参拜马祖禅师。他向马祖禅师表明来意后,马祖禅师就告诉他前往湖南石头禅师那儿参学,并对他说:"没有剃度不要回来。"

丹霞禅师又赶到南岳,见到石头和尚就说请他为自己剃度。石头和尚并没有立即给他落发,只是说:"你到糟厂舂米去吧。"丹霞禅师就在厨房干了三年的杂活。

三年后,石头和尚很满意,欣然为他剃度。

丹霞禅师开悟后,就又去江西去拜见马祖禅师,他径直来到僧堂内,骑坐在菩萨像上,众人一看,吓了一跳,赶忙把这件事报告给马祖禅师,马祖道一禅师见是他,便笑着说道:"我子天然。"

丹霞禅师立即从菩萨身上跳下来,向马祖禅师行礼后说:"多谢大师赐我法号。"天然禅师的名号由此而来。马祖禅师说道:"你终于懂得了随遇而安,随喜而作。"

有人说"繁荣的随它繁荣,枯萎的任它枯萎"。确实,当一件事情发生了的时候我们无力改变就要接受,还要开开心心地接受,不做愁眉苦脸的"苦行僧",而要容得下万物,过眼云烟如浮云,我自随缘过千年。

第四章

知足常乐

——欲望极简,宠辱不惊

    积极心理学认为:欲望往往是祸患的根源,当我们懂得适可而止时,欲望就像一个洁白的天使,引领我们一步步走向成功;而当我们贪婪无度时,欲望就像一个丑恶的魔鬼,破坏我们的每一步行动。

1.富有常常是因为知足

同样两个十分口渴的人,看到桌子上放着半杯水,知足的人会想:"太好了,这半杯水能够让我缓解一下口渴。"而不知足的人则会想:"怎么只有半杯水?这哪够喝呀?"同样的半杯水,却引发了两种截然不同的感慨。只有懂得知足的人,生活中才会少一些所谓的"烦恼"。

积极心理学家指出:这个世界上有太多美好的事物,我们每个人都不可能得到所有,所以一定要学会知足。

一个晴朗的下午,一位富翁来到海边度假,他看到一个渔夫正在海滩上睡觉。富翁问道:"今天天气这么好,正是捕鱼的好时机,你怎么在这里睡觉呢?"

渔夫回答说:"我给自己定下了任务量:每天捕10千克鱼。如果是在平时,我基本上需要撒5次网才能完成,不过今天天气不错,我只撒了两次便完成了任务。现在没事了,就在这里睡觉啦!"

富翁又问道:"那你为什么不趁着好天气多撒几次网呢?"

渔夫不解地问道:"为什么要多撒几次网?那又有什么用呢?"

富翁说:"那样的话,不久之后你便能买一艘大船。"

"然后呢?"渔夫问。

"那你就可以雇更多的人,让他们到深海去捕更多的鱼。"富翁说道。

"那又怎样呢?"渔夫又问。

"到时你手中就有一定的积蓄了,可以办一个鱼类加工厂啊!那时你可以做老板,再也不用辛辛苦苦地出海捕鱼了。"富翁说道。

"那我干什么呢?"渔夫又问。

"那样你就不用再为生活发愁了,可以像我一样来到沙滩晒晒太阳、睡睡觉了。"富翁得意地说。

"不过,我现在不正是在晒太阳睡觉吗?"渔夫反问道。

富翁被问得哑口无言。

人之所以不快乐,就是不知足。假如渔夫真的如富翁所说去做,那么他就会被自己的欲望所奴役,忙忙碌碌地辛劳一生,却不能体会幸福。

其实想得到的越多,失去的就会越多。我们每个人从出生的那一刻起,就注定了会和某些东西失之交臂。感情上的不如意,事业上的不顺心,总是会让我们花费很多精力来寻求平衡,但一个人的能力是有限的,有些东西是我们顾不到的,所以不必苛求那些得不到的东西或办不到的事情。如果过于执着地追求,只是给自己徒增烦恼,得到和失去只是在一瞬间,心态才最重要。

所以,每个人都要学会"知足",很多快乐都建筑在这两个字之上,如果你一辈子都在不停地满足自己一个又一个目标,却没有一丝一毫的幸福可言,那这样的人生又有什么意义呢?

实际上,人类自身的需求是很低的,远远低于欲望。房子再大,也只能住一间;衣服再高贵,身上也只能穿一套;汽车再多,也只能开一辆在街上跑。能够认清楚这一点,那么我们就能够活得更加从容一点,更加豁达一点。更重要的是,我们将会有更多的时间和精力,来进行一些精神层次的追求和享受。

从前有一位年轻人,他总是抱怨自己时运不济,空有一番才华却得不到施展的空间,日子过得也是穷困潦倒,并经常为此愁眉不展。

有一天,他遇到了一位白胡子老人,老人看他眉头紧锁便问道:"小伙子,你为什么看起来很不快乐?"

年轻人说道:"我就不明白,为什么我的日子总也好不起来,这种穷苦的生活什么时候才是头呢?"

老人立即反驳他说:"穷?你怎么会说自己穷呢?我看你十分富有嘛!"

年轻人很不解,问道:"此话怎讲?"

老人笑了笑说道:"假如我给你1万块钱,来换你的一根手指,你会换吗?"

"不换!"年轻人十分坚决地回答道。

老人继续问:"那如果我给你10万块钱,但条件是你的双眼必须失明,你愿意吗?"

"不愿意!"年轻人斩钉截铁地说道。

老人再次问道:"那假如现在让你马上变成80岁的样子,给你100万,可以吗?"

"不可以!"年轻人再次断然拒绝。

白胡子老人笑了:"你看,你全身上下都是数不尽的财富,你怎么还说自己穷呢?"

年轻人愕然无语,突然间明白了一切。

看完这个故事,相信很多人都会若有所思,其实在我们的身边,像年轻人这样不知足的人不是有很多吗?明明自己已经拥有了很多,却还在抱怨得到的太少,自然也就无法体会生命的乐趣之所在。只要你是一个知足的人,那么你就永远不会贫穷。相反,那些贪婪之人看似拥有万千财富,实际上却是一无所有的人。

快乐,应该是一种平衡而满足的内在感受。若你学会了满足,那么即使身在地狱,也一定能够感受到如天堂般的美好。

2.别让金钱迷惑了双眼

能安于贫贱的人是有福之人，因为他们心里无财富的挂念，活得潇洒。而能在富贵中保持清心寡欲的更是有福之人，因为他们心里、眼里都无财富的挂碍，所以活得幸福。

积极心理学认为：人们往往被金钱迷惑了双眼，以至于无法超脱卓然，堕入痛苦的深渊。

一位老居士的家中添了一个男孩，长得英俊端庄，深受父母疼爱。这孩子从小就聪明异常，和一般的小孩子完全不同。他在无忧无虑中快乐地度过了黄金般的童年。

居士家中的这个孩子，可是有高人一等的智慧。虽然他生长于安逸的环境中，但仍能了解人生的痛苦和罪恶。因此，他在成年以后，就辞亲出家当了比丘。

有一次，在教化回来的森林里他遇到一队商人，他们到外乡经商路过此地。当时已是傍晚，夕阳西下，商人们扎营住宿。比丘看到这些商人以及载着大量货物的大小车辆，并不关心，只管在离商队营帐不远的地方徘徊踱步。

这时从森林的另一端来了很多山贼。他们打听到有商队经过，就想乘夜幕降临以后劫掠财物。但当他们靠近商营的时候，却发现有人在营外漫步。山贼怕商队有备，所以想等商队的人都睡熟后才动手，然而营外巡逻的那个人，通宵不入营休息。天已渐亮了，山贼因无机可乘，只得气愤地大骂而走。

正在睡觉的商人，忽然听到外面的吵闹声跑出来看，只见一大队的山贼手执铁锤木棍往山上跑去。营外有一位出家人站在那儿。商人惊恐地走向前去问道："大师！您见到山贼了吗？"

"是的,我早就看到了,他们昨晚就来了。"比丘回答说。

"大师!"商人又向前问道,"那么多的山贼,您怎么不怕?独自一个人,怎能敌得过他们呢?"

比丘心平气和地说道:"各位!见山贼而害怕的是有钱人。我是一个出家人,身无分文,我怕什么?贼所要的是钱财宝贝,我既然没有一样值钱的东西,无论住在深山或茂林里,都不会起恐惧心。"

比丘的话使众商人醒悟,他们认识到自己的凡俗,对不实在的金钱,大家肯舍命去取得,而对真实自由自在的平安生活,反而视若无睹。他们决心跟着这位比丘出家修行。从此,他们体会到这个世间苦空的意义,把无常的钱财带在身边,那实际上是一种拖累。

因为贫穷,人才无恐惧心,因为贫穷,人才有上进心,艰难困苦是人生的一笔财富。它可以化无形为有形,并告诫你时刻保持冷静、清醒,正确对待有形的财富。

香港富豪徐展堂出身名门望族,幼年生活可说优裕富贵。但上天似乎有意要考验他。他13岁时,父亲生意失败,不久又染上肺痨去世。年幼的徐展堂一下子从蜜罐掉进了苦海。当时,徐展堂刚读完小学,无奈只好放弃升学,出来谋生,提起幼年时未有更多读书机会,徐展堂一直都感到很遗憾。

年仅13岁的徐展堂不得不涉足社会,面对人生。他曾从事过多种低微的职业,如银行信差、卖"云吞面"、为商店翻新旧招牌、安排看更等。从十几岁至二十几岁,是他一生中最为艰苦奋斗的时间。

艰难的经历,不仅没有消磨他的意志,反而激发了他的斗志。他不甘心久居人下,白天工作,晚间则上夜校进修,学习英语,大量阅读历史书籍和名人传记,从中汲取思想养分。

就这样,他终于成长为香港传媒界的新星。

无财是一种福气，能很好利用财富的人同样享有这种福气，我们常说的断掉各种贪欲，并非是说让人变得无情无欲，而是说要消除人的不合理的过分的有碍身心健康的欲望，从而完善人生，使人生更加幸福。

3.降低一分欲望，提升一分幸福

积极心理学认为：容易满足的人，是因为给自己设置的幸福底线低；欲望越大，越难知足的人，可能会丢掉了手中原本最为珍贵的东西。

人性有这样一个弱点，就是欲望太多。总以为什么东西都是越大越好、越多越好。殊不知结果往往正相反：欲望越多，幸福越浅。

传说古时，有一位村夫看到一条冻僵的龙蛇。村夫把蛇救活，并把它放进后山的一个山洞里。因为蛇的到来，山洞口开始生长灵芝和一些奇异花草。但人们知道山洞里有龙蛇，谁也不敢去采这些东西。

皇上听说了这事，就下旨说，谁能采来灵芝，必有重赏。村夫很清贫，他想，自己要是得到这笔财富，那就很幸福了。于是，他就去求蛇。蛇感谢他的救命之恩，就让他采了灵芝送进宫里。村夫得到奖赏，过上了他想要的生活。又过了些日子，皇后的眼睛瞎了，御医说只有龙蛇的眼珠才能治好。皇上就下旨说，谁若弄来龙蛇的眼睛，就让他当大官。

村夫又想，自己现在是比过去幸福多了，但若再当上高官，有钱有势，一定会更幸福。于是，村夫又找到龙蛇。龙蛇忍痛贡献出了自己的一只眼睛，村夫也因此当上高官，再一次满足了自己幸福的心愿。

但没过多久,皇上又下旨说让村夫去割龙蛇身上的肉,因为他听说吃了龙蛇的肉,就可以长生不老。为了让村夫早些弄回龙蛇的肉,皇上加封村夫为宰相。村夫得意扬扬,再一次来到山洞口,希望龙蛇能再次满足自己的心愿。但龙蛇什么也没说,而是一张口就把这个刚做上宰相的人给吞进了肚里。

其实在村夫得到财宝之后,对过惯了清贫生活的他来说,已经是一步登天,这对村夫来说,已经是最大的幸福了。但他的贪心却无止境,想要更高的"幸福",最后落到被吞进蛇肚的结局。虽然故事是惩罚了贪心者,但若村夫真取到了蛇肉,他会不会因贪恋长生不老而自己吞下蛇肉去当一个长生不老的皇帝呢?

完全有可能。

从这个故事中不难看出,对于贪心不足的人来说,幸福是没有止境的。幸福被人们捆绑在自己的欲望之上,欲望越高,幸福越显疲惫。

所以,人一旦把个人欲望和幸福联系在一起,那其实就是和幸福背道而驰了。因为当你千辛万苦达到了自己设定的目标,你还会有更高的目标,还会让自己继续向更高的目标拼搏,只顾得索取,幸福的感觉早被你抛在一边了。

积极心理学认为:到了这一阶段,我们已经不是在追求幸福了,只不过是让自己的欲望无限膨胀而已。

比如说,登山游玩,攀上一个高峰,在看到满眼好风景的同时,也看到四周的山峦,心里就不免会有这样的心思:攀上那些更高的山峰,景色一定比自己现在看到的景色要美得多。其实真实的情况却是,当你攀上那些山峰,你看到的景色和你刚才看到的,只是角度不同,景色大同小异。

所以,真正聪明的人,是不会舍近求远,去定什么幸福大目标的,他们随遇而安,让心情放松,享受生活,让自己快乐,也让亲人幸福。假如这山望着那山高,终会一无所得。

4.修剪欲望，让生活变简单

人生如同一条河流，有其源头，有其流程，当然也有其终点，而不管流程是长，是短，终究都会到达终点，流入海洋。那么在我们活着的时候，有什么欲望是一定非要满足不可的呢？为什么要让欲望恣意滋生呢？

曼谷的西郊有一座寺院，因为地处偏远，香火一直非常冷清。

原来的住持圆寂后，索提那克法师来到寺院做新住持。初来乍到，他绕着寺院四周巡视，发现寺院周围的山坡上到处长着灌木。那些灌木呈原生态生长，树形恣肆而张扬，看上去随心所欲，杂乱无章。索提那克找来一把园林修剪用的剪子，不时去修剪一棵灌木。半年过去了，那棵灌木被修剪成一个半球形状。

僧侣们不知住持意欲何为。问索提那克，法师却笑而不答。

这天，寺院来了一个不速之客。他衣衫光鲜，气宇不凡。法师接待了他。寒暄，让座，奉茶。对方说自己路过此地，汽车抛锚了，司机现在修车，他进寺院来看看。

法师陪来客四处转悠。行走间，客人向法师请教了一个问题："人怎样才能清除掉自己的欲望？"

索提那克法师微微一笑，折身进内室拿来那把剪子，对客人说："施主，请随我来！"

他把来客带到寺院外的山坡。客人看到了满山的灌木，也看到了法师修剪成型的那棵。

法师把剪子交给客人，说道："您只要能经常像我这样反复修剪一棵树，您的欲望就会消除。"

客人疑惑地接过剪子，走向一丛灌木，咔嚓咔嚓地剪了起来。

一壶茶的工夫过去了，法师问他感觉如何。客人笑笑："感觉身体倒是舒展轻松了许多，可是日常堵塞心头的那些欲望好像并没有放下。"

法师颔首说道："刚开始是这样的。经常修剪，就好了。"

来客走的时候，跟法师约定他十天后再来。

法师不知道，来客是曼谷最负盛名的娱乐大亨，近来他遇到了以前从未经历过的生意上的难题。

十天后，大亨来了；十六天后，大亨又来了……三个月过去了，大亨已经将那棵灌木修剪成了一只初具规模的鸟。法师问他，现在是否懂得如何消除欲望。大亨面带愧色地回答说，可能是我太愚钝，眼下每次修剪的时候，能够气定神闲，心无挂碍。可是，从您这里离开，回到我的生活圈子之后，我的所有欲望依然像往常那样冒出来。

法师笑而不言。

当大亨的鸟完全成型之后，索提那克法师又向他问了同样的问题，他的回答依旧。

这次，法师对大亨说："施主，你知道为什么当初我建议你来修剪树木吗？我只是希望你每次修剪前，都能发现，原来剪去的部分，又会重新长出来。这就像我们的欲望，你别指望完全消除。我们能做的，就是尽力把它修剪得更美观。放任欲望，它就会像这满坡疯长的灌木，丑恶不堪。但是，经常修剪，就能成为一道悦目的风景。对于名利，只要取之有道，用之有道，利己惠人，它就不应该被看作是心灵的枷锁。"

大亨恍然大悟。

人心里的欲望就像头发一样，总会向上生长。欲望是人痛苦的根源，因为欲望永远不能被满足。我们要做的是尽量将自己的生活简单化，减少对物质的过多依赖，简简单单的生活会让人觉得神清气爽。当然，我们不能要求每个人都做到清心寡欲，但至少我们可以在简化自己生活的过程中，减少自己的欲望。我们会明白，即使我们缺少一些东西，生活还是一样会过得很好，甚至更快乐。

当生活越简单时，生命反而越丰富，尤其是少了欲望的羁绊，我们越是能够从世俗名利的深渊中脱身，感受到自己内心深处的宽广和明净。因此，每一个人都应懂得修剪自己的欲望。

5.能抵制诱惑的是最纯净的品格

西方有句谚语："浮荡的生活如同在地狱里，而有定向的生活则如同在天国里。"

积极心理学认为：在物欲横流、灯红酒绿的今天，摆在每个人面前的诱惑实在太多，特别是对有权者来说，需要保持清醒的头脑，勇于放弃。

如果抓住想要的东西不放，甚至贪得无厌，就会带来无尽的压力和痛苦不安，甚至毁灭自己。

某大公司准备以高薪聘用一名司机，经过层层筛选和考试之后，只剩下三名技术最优良的竞争者。主考者问他们："悬崖边有块金子，你们开着车去拿，觉得能距离悬崖多近而又不至于掉落呢？"

"两米。"第一位说。

"半米。"第二位很有把握地说。

"我会尽量远离悬崖，愈远愈好。"第三位说。

结果这家公司录取了第三位。理由是："不要和诱惑较劲，而应离得越远越好。"

像幸运与灾难一样,诱惑在人的生活中也扮演了重要的角色。诱惑是无处不在的。职场中,诱惑以其更多的姿态出现,如金钱、名誉、身份、地位、不能兑现的谎言……臣服于诱惑将给我们造成职业生涯和人生的不幸与灾难。因此,我们一定要学会认清诱惑,经常性地进行自我盘点,和诱惑保持足够的安全距离,才能保证健康的自我发展空间。

公元前314年,秦惠文王欲发兵攻齐,因齐楚结盟而不能如愿。于是,秦王派张仪赴楚游说,以"离齐楚之党"。张仪入楚,得知楚怀王的宠臣靳尚,"在王左右,言无不从"。于是先以重金贿于靳尚,然后去见怀王。张仪说,秦王派我来与贵国交好,可惜大王却与齐国通好,若大王与齐绝交,秦王愿把商於之地600里献给楚国。贪利的楚怀王一听便动了心,他高兴地对张仪说:"秦肯还楚故地,寡人何爱于齐?"此事遭到大臣陈轸的极力反对,已得利的靳尚却为之辩护说:"不绝齐,秦肯与我地乎?"楚怀王遂以相印授张仪,并赐其良马、黄金,之后就与齐断交,同时派使臣随张仪去秦国接受商於之地。张仪回秦都咸阳后,称病不出,等到离间齐楚的目的达到后,便向楚臣道出他的骗局,说献给楚王的土地是6里而不是600里。楚怀王因此而恼羞成怒,于公元前312年派10万大军攻打秦国,结果兵败将亡,丢失楚地600里,真可谓,偷鸡不成蚀把米,贪利不得反失利。

以利诱之,使其就范,是重要的政治谋略之一。古往今来,不乏其例。利令智昏,必然乱谋,从而上当受骗。当然,很多人认为,所谓诱惑,只针对那些位高权重者,其实并不是这样的。任何人,活在世界上,就必须与各种各样的人打交道,一定会与许多说不清的风险相遇。但是,如果缺乏对自己基本负责的态度,和对内外风险的防范之心,就可能造成生命财产、情感、事业等多方面的损失。

建国是个才毕业的大学生,专业知识很扎实,可是他的求职却一直不顺利。万般无奈之下,他找到了自己的叔叔,请他跟当地的一家知名化工企业的老板

第四章 知足常乐
——欲望极简，宠辱不惊

介绍一下自己，看能不能到化工公司工作。没过几天，建国的叔叔给他打来电话，说正在一家酒店和这位老板喝酒，让他赶紧过来跟老板见个面，老板现在也需要这样的专业人才，只要过了老板的法眼，工作这事就算定下了。

建国非常高兴，打扮整齐，急匆匆赶到酒店，和叔叔、老板一起就座。老板问了建国几个化工方面的问题，建国胸有成竹，对答如流，老板一看很高兴，又要了一瓶酒，三个人喝了起来。

宴会结束后，建国得意扬扬地等着公司给他打电话，可等了很久也不来，建国等不及了，给叔叔打电话，问什么时候去上班。叔叔接了电话，告诉他那件事没希望了。老板不同意接收他。

"不同意接收？喝酒那天不是说得好好的吗？"建国愣了。

"这还不全怪你自己！"叔叔气冲冲地说，"还记得最后要的那瓶酒吗？"

"记得，可我也没有因为喝多酒失态啊？"建国奇怪地问。

"那瓶酒的酒盒里放着一个礼品打火机，是不是你拿了？"叔叔问。

建国点了点头，说："那个打火机也不是什么精品，根本就不值钱，他一个大老板怎么会缺这种东西？所以我就拿了。"

"问题就出在这里！"叔叔说，"老板说你这个人学问还行，就是太爱贪小便宜了，打火机一拿出来，你的眼睛就没离开过它，你既不抽烟，也不爱收藏打火机，但对打火机却那样专注，说明你是个贪小便宜的人。贪小便宜的人，他是不敢用的，因为将来万一别人给你点儿小恩小惠，没人能保证你不会背叛公司。"

那个打火机老板并不稀罕，但是建国对打火机的过分关注使老板产生了反感。在中国的传统观念里，逢光必沾、斤斤计较、爱贪小便宜的人是不受欢迎的。所以，无论你在什么位置，都不要利令智昏，耽误了自己的大好前途。树立正确的世界观和价值观，正确地对待利益和诱惑，才能正身修性。

6.感恩一切,因为斜风细雨也有情

人生就像一条河流,不可逆转,生命中的每一个阶段、每一天都是独一无二的,不能重复。一位哲人说过:"没有人生活在过去,也没有人生活在未来,现在是生命确实占有的唯一形态。"也常常听人说:"即使错过了太阳,又错过了月亮,可别再错过了自己。"因此,无论处于哪个阶段、哪一天的人们,最可贵的是眼前的时光,应该珍惜当下拥有的一切。

积极心理学家说:许多人一辈子都困在时空错乱的得失矛盾中,我们应该学会珍惜当下拥有的一切。

一位老人在他从事播音事业的最后一天,在他所主持的节目中讲述了一个故事,说自己在五十岁生日时买了一千颗弹珠,此后的每个周末他都会丢弃一颗。随着弹珠一颗颗减少,他开始关注自己身边的亲人,从而懂得了去珍惜当下拥有的亲情与友情。

是的,我们由于过分地追求那些所谓的幸福与享受,从而放任甚至放纵自己内心的贪欲与执着,以致整天都在为了生活琐事而忙碌奔波,对身边时刻关心和守护我们的家人与亲情都漠然淡忘了。

人类常常会怀念往昔,会梦想未来,唯独对现在不会很满意,即便满足于当前,大抵也是因为可预见的未来会无忧无虑。

也许很多人都听说过,西方人喜欢在感恩节的晚餐桌前,表达对上帝的感谢,但你听说过有人感谢上帝没有把他变成一只火鸡吗?故事这样的:

感恩节前,纽约一家幼儿园的老师在课堂上给孩子们提了一个问题:"感恩节快到了,孩子们,你们可不可以告诉我,你们将要感谢什么呢?"老师让孩子们

第四章　知足常乐
——欲望极简，宠辱不惊

思考了一会儿，然后开始提问。

"艾莉丝，你要感谢什么？""我的妈妈每天很早起床给我做早饭，我想，我在感恩节那天一定要感谢她。""嗯，不错。马克，你呢？""我的爸爸今年教会了我打棒球，所以我特别想感谢他。""嗯，能打棒球了，很好！贝儿。""无论是上学还是放学，学校的守门人总是微笑地看着我们来来往往。虽然她自己很孤单，没有多少人关心她，她却把关怀的微笑送给了我们。我要在感恩节那天送给她一束花。""很好！汤姆，轮到你了。"老师微笑地看着前排的小男孩。

"我们每年感恩节都要吃火鸡，大大的火鸡，肥肥的火鸡，大家都非常爱吃。他们只是大口大口地吃火鸡，却从不想一想火鸡是多么可怜。感恩节那天，会有多少只火鸡被杀掉呀……""能不能简短一些？我觉得你跑题了，汤姆。"汤姆向四周望了一眼，开心地说："我要感谢上帝没有让我变成一只火鸡。"

不知道这位老师对汤姆的答案是否满意，但是读完这个故事后，我们是不是也该在心里由衷地感谢上帝没有让自己变成一只火鸡呢？

是的，快乐是如此简单，只要懂得感恩，抛下一切杂念，美好的事物就会触手可及。假如放下心中的抱怨和不满足，把生命中的每一段经历当作最后一次去珍惜，感恩生活赐予我们的一切，我们是不是会活得更加轻松、更加快乐呢？

早上起来，看到窗外的阳光，我们会感恩；吃一块面包，想到一餐一饭的来之不易，我们会感恩；接到朋友的电话，感受到友谊的包围与温暖，我们会感恩；看到一只小鸟在树上唱歌，我们也会由衷地感恩；看到猫咪恬静地睡在床头，我们会感恩。然后我们的一天乃至一生，就在这种感恩的心情中度过，如此，我们还有什么不幸福的事情需要去烦恼呢？

有人曾请佛陀指点生活的迷津，佛陀邀他进入内室，耐心聆听此人滔滔不绝地谈论自己存疑的各种问题。许久过后，佛陀举手，此人立即住口，想知道佛陀要指点他什么。"你吃早餐了吗？"佛陀问道。这人点点头。"你洗了早餐的碗吗？"佛陀再问。这人又点点头，接着张口欲言。佛陀在这人说话之前说道:"你有没有把碗晾干？""有的,有的。"此人不耐烦地回答,"现在你可以为我解惑了吗？""你已经有了答案。"佛陀回答,接着把他请出了门。几天之后,这人终于明白了佛陀点拨的道理。佛陀是提醒他要把重点放在眼前,将眼光放在当下。

是的,能够好好地珍惜当下,不正是对生命最好的感恩吗？每时每刻都以感恩之心幸福地生活,还有什么烦恼是不能超脱的呢？

身处生活此岸的我们,时常会产生出这样的错觉,或许,一切的快乐和幸福都在彼岸吧？ 如果,我们把这种错觉当成对生活的美好向往,努力为之奋斗,那么它将成为积极生活的动力;如果,我们只一味叹息那些无法得到的、蹉跎了的时光,那么这种错觉将成为我们前进路上的巨大阻力。珍惜当下的幸福和快乐,积极地为美好的明天而奋斗,才更应成为我们现在要去做的。

积极心理学认为:珍惜当下的幸福,就是要抓牢我们所拥有的幸福。

7.适可而止,过犹不及

有人曾经将财富贴切地比作咸的海水,喝得越多就会越觉得渴,而越渴就越想再喝。因此,适度很重要。

几个年轻人一同外出度假,在海边他们看见一栋5层的小旅馆,他们决定在这家旅馆过夜。

第四章　知足常乐
——欲望极简，宠辱不惊

旅馆的门童向他们解释道："我们一共有5层楼，你们可以一层一层地走上去，一旦觉得某一层的设施令你们满意，你们就可以停留下来。为了帮你们作出决定，我们在每一层楼都立了块告示牌，上面写明了这一层都有些什么。但是要记住，一旦决定住某一层，就不能再反悔。"

年轻人听明白这规则后，都很感兴趣，他们走进了旅馆。

在第一层楼，他们看到告示牌上写着："这里的房间床板都很硬，地毯也是旧的，而且没有上门早餐的服务。"看了这个，年轻人哄笑起来，他们毫不迟疑地向楼上走去。

第二层的告示牌上写着："这里的房间还好，床板不太硬，地毯半新，但没有上门早餐服务。"这个当然也没能留住几个年轻人的脚步。

他们行进到第三层楼，告示牌上写的是："这里的房间很舒适，床很软，而且还有上门早餐服务，唯一不足的是地毯有些旧了。"

这个看起来不错，年轻人讨论着，可是上面还有两层楼呢。于是，他们还是放弃了。

到了第四层，这一层的告示牌上的内容几乎是完美的："这里不仅房间舒适，而且所有用品都是新的，并且，明早会有上门早餐服务，我们还会送您水果。"

这一次，年轻人都非常感兴趣了。他们商量了一会儿，结果却没有达成一致，因为有人还想到第五层看看。

他们终于来到了第五层，然后，他们都傻眼了，这一层空荡荡的，连一个房间也没有，告示牌上写着一行字："这里没有房间，更不用说一个舒适的夜晚。设置这一层楼的目的只是为了玩笑，但遗憾的是，您是又一个被玩笑捉弄的人。"

中国的禅宗有一种大智慧，认为人的物欲妨碍了人对生命本来快乐的享受，它将有的人引向了歧途，使人变成了苦役犯。因而禅宗主张去除欲望，体味真的生活。禅诗云："春有百花秋望月，夏有凉风冬有雪，心中若无烦恼事，便是人间好时节。"

当年孔子夸奖他的学生颜回,说:"一箪食,一瓢饮,在陋巷,人不堪其忧,回也不改其乐。"这是说生命本来的喜悦绝不是贫困所能剥夺的。只要你在幸福来到时适时止步,幸福就会留在你身边。

漫漫人生旅途中,充满了灯红酒绿的诱惑,面对这些诱惑,许多人都无法自控,他们想要得到的往往比自身真正需求的多得多。倘若一时得不到,有些人便可能会铤而走险,结果断送自己的前途。童话故事《渔夫和金鱼》相信人们都耳熟能详,就连三五岁的孩童也不陌生,故事中的老太婆不就是因为不懂得适可而止,才在经历了一番短暂的荣华富贵后又回到了原来的那个小草屋里吗?不知道如果上帝再给她一次重来的机会,她还会不会像之前那样贪婪?

从前有个穷书生,日子过得穷困潦倒,每天只会满口地念"之乎者也"。他家里什么都没有,就连睡觉的床也是用一条长凳来代替。尽管如此,书生却不去用双手赚钱,总是祈祷佛祖能赐给他一个发财的机会。佛祖看他实在可怜,便给了他一个看似十分普通的布袋,并对他说:"这个袋子中有一个铜钱,当你将它拿出来之后,里面就又会有一个铜钱。不过,只有当你将这个布袋还给我的时候,才能使用这些钱。"

穷书生听了,高兴得嘴都合不拢了,这样天大的好事竟然真的降临到自己头上了。他开始不断地往外拿铜钱,整整几天几夜都没有合眼,地上到处都堆满了铜钱。这些钱就算是他这辈子什么也不做,也足够花了。可是,他还是舍不得将袋子还给佛祖,他对自己说:"我现在还不能将钱袋还回去,钱应该越多越好!"结果,穷书生累得倒下了,他死在了钱袋的旁边,而他的屋子里到处都是铜钱。

很多人都在笑书生的"傻",可他们自己又何尝不是如此呢?人就是太"贪心",所以才会不甘心。很多时候,并不是拥有的东西越多越好,懂得适可而止的人往往能够获得更多快乐。

第四章　知足常乐

生活就像是一杯水，不论你用的是玻璃杯还是水晶杯，甚至是陶瓷杯，都不能说明什么，因为杯子里的水对于每个人来说都是一样的。每个人都有权利往杯子里放入一些东西，可以是任何东西，只要你喜欢。不过需要注意的是，必须要适可而止。因为毕竟杯子的容量是有限的，你加得太多，水就会溢出来，导致你失去得更多。所以，不要计较太多的得与失，也不要让自己有太大的心理包袱，好好享受成功和努力的过程就好。

那么，究竟怎样才能做到适可而止呢？

所谓适可而止，就是指在最合适最有利的时机，立即停下手中正在进行的事情，注意分寸和火候，做到"胸中有数"，以求达到最好的效果。关键就在于把握一个度，让一切都恰到好处，不多也不少，不高也不低。能够做到这一点，才是真正的生活高手。

第五章

天 伦 之 乐

——百善孝为先,家和万事兴

　　因为有家,我们才得以安身立命;因为有家,我们的心灵才有一种归属感;也因为有家,我们才不惧怕一切艰难险阻。积极心理学认为,不管在这个世界怎样艰难,家庭是我们的一个栖身之所,一处立命之地。

1.慈孝有心念,快乐享天伦

积极心理学认为:爱,需要用行动来表达,对父母的爱也是如此。

现在就去做,不要等父母都不在了而空留遗憾。父母照顾孩子尽心竭力,他们的青春就这样逝去了,青丝变成了白发,但是我们在年少时却不能完全理解父母的爱。等自己也为人父母,理解了父母的苦心时,父母已经牙齿稀疏、目光浑浊了。

所以,孝敬父母要及早,不要等父母都不在了才想起要孝顺,那就为时已晚了,只能空留遗憾。

有一个人,10岁的时候,父亲不幸病逝。母亲生怕让他受了委屈,不肯改嫁,含辛茹苦抚养他长大。他知道母亲的辛苦、操劳,告诉自己:用功读书,将来挣钱一定要让母亲过上好日子。

20岁的时候,他独自去闯天下。异乡打拼的生活非常艰难,他工作的公司和租住的房子换了好几处。不想让母亲跟着自己颠沛流离,他告诉自己:等生活安定下来之后,再接母亲来吧,以后一定要让母亲过上好日子。

25岁的时候,他在一家外资企业供职,强烈的欲望让他的业绩一路提升。他受到了公司管理层的关注,迅速升职,手中有了一笔积蓄。他告诉自己:我要攒够钱买一套属于自己的房子,以后要让母亲过上好日子。

30岁的时候,他有能力供房了。但是,经理忽然来找他,说因为业绩突出,公司准备派遣他去美国学习,期满后可以在美国总公司任职。大洋彼岸的那个国家,对母亲来说应该是个更美丽的梦吧?他告诉自己:要作出一番更大的事业,让母亲过上好日子。

第五章　天伦之乐
——百善孝为先,家和万事兴

35岁的时候,有一天,他接到了亲戚的国际长途——他的母亲,因脑出血突然去世。

这时,强烈的悔恨刺得他遍体鳞伤,那些他想给母亲的"好日子",当他想做或有能力做得更好的时候,母亲却已经等不及了。泪水汹涌中,他才知道,原来,每天尽一份孝心,再苦也是好日子。

相信,有很多人都怀着这样一种想法:以后一定要让母亲过上好日子! 但可曾想过,没有"以后",只有"现在",上天并不会给我们的诸多"以后"以合理的安排,假如现在记起母亲了,那不妨就在第一时间让母亲知道,感受到我们的孝心。把每一天能做的做到就行了,这远比那个似乎美好的、遥远的、自我假设的预期有价值,别让自己做后悔都来不及的事情!

人的一生难免有很多缺憾,其中最大的莫过于"子欲养而亲不待"。当有一天我们想孝敬他们,才蓦然发现,父母已两鬓斑白,我们已错过无数时机。甚至当双亲离你远去后才幡然悔悟,却已尽孝无门,这将成为你永远无法弥补的憾事。

很多人总在说,等到有钱有时间了,一定要好好孝敬父母,但你可以等,父母不能等,在不经意间,父母已渐渐变老。其实父母没有太多的要求,只是想让你陪陪,所以一定要抽出时间,多陪陪父母,不要让父母失望,不要等到父母都已经亡故才想要孝敬而让自己空留遗憾。亲情很多时候,不能等待,因此孝敬应该从现在就开始。

潘岳,字安仁,后人常称其为潘安,西晋文学家,祖籍荥阳中牟(今属河南)。但有人认为,从他父亲一辈起,他家实际居住在巩县(今巩义市)。潘岳的祖父名瑾,曾为安平太守。他的父亲名茈,曾为琅琊内史;从父潘勖在汉献帝时为右丞,《册魏公九锡文》即出自其手笔。

潘岳从小受到很好的文学熏陶,被乡里称为"奇童",长大以后更是名噪一时。美姿仪,《晋书》载,"少时常挟弹出洛阳道,妇人遇之者,皆连手萦绕,投之以果,遂满车而归"。与夏侯湛友善,常出门同车共行,京城谓之"连璧"。

他不仅好文聪明,更事亲至孝。父亲去世后,他就接母亲到任所侍奉。他喜植花木,天长日久,他植的桃李竟成林。每年花开时节,他总是拣风和日丽的好天,亲自搀扶母亲到林中赏花游乐。

有一年,母亲染病想念家乡。潘岳得知了母亲的心愿,马上辞官奉母回到了家乡。虽然上级再三挽留,但他毫不动摇,说:"我若是贪恋荣华富贵,不肯听从母意,那算什么儿子呢?"上级被他的孝心感动,便允许他辞官。

回到家乡后,他母亲的病很快痊愈了。家里贫穷,他就耕田种菜、卖菜,然后买回母亲爱吃的食物。他还喂了一群羊,每天挤奶给母亲喝。在他的精心护理下,母亲安度了晚年。

如果我们内心对父母有爱,那就马上行动,不要等到明天。

在台湾一个偏僻、贫困的小山村里,有一对靠捡破烂维持生计的中年夫妇。一个极为普通的寒冷的早晨,当他们跨出家门的时候,他们捡到的不是垃圾而是一个已经被冻得奄奄一息的弃婴。虽然夫妻俩的日子已经是一贫如洗,但为了不让这无辜的小生命冻死街头,他们毅然决定把孩子带到家里精心喂养。于是,一家三口,便过着虽然贫穷,但是幸福的生活。

不幸似乎总在不恰当的时刻来临,在小女孩长到六岁时,养父由于积劳成疾离开了人世,在弥留之际养父紧紧拉住妻子和女儿的手,他对妻子说:"我死后你无论如何也要把孩子养大成人,一定要让她上完大学。孩子有了一技之长,她才能在社会上立足,也才能成为对社会有用的人。"

在父亲去世之后,母女俩便相依为命。女儿逐渐长大,上了高中,家里的开支也越来越大,几乎已经到了入不敷出的地步,妈妈就背着女儿,悄悄卖血换钱贴补家里费用。女儿看着妈妈一天天憔悴,不知什么原因,心里很难过,她在心里暗暗发誓,长大后一定要好好报答妈妈的养育之恩。女儿很争气,学习也很用功,终于考上了她向往已久的大学。

第五章 天伦之乐

——百善孝为先,家和万事兴

在大学期间,女儿给妈妈写信,说:"我非常思念朝夕相处的妈妈,惦记妈妈,但为了能尽量节省开支,我打算坚持到完成四年的大学学业后,再回家看望妈妈。"母亲接受了,在大学的四年里,每隔几个月女孩都能收到妈妈寄给她的信和一些钱,每次信中,妈妈都在给女儿报平安,希望女儿能够安心学习,不要惦记家里,随信寄来的钱虽然不多,但足以维持女孩日常的生活、学习费用。

时间过得真快,快得人们无从察觉,一晃四年就过去了,女孩终于顺利完成了自己的学业,拿到了毕业证。她非常渴望立刻能见到她朝思暮想的妈妈。归心似箭的她打点行装,迫不及待地踏上了返乡的路程。来到村头,远远看见了自己家熟悉的院落,她兴奋不已。她跑到了院门前,推开了院落的院门,但是,女儿一下子惊呆了——院子里一片沉寂、凄凉,荒草遍地。她打开锈迹斑斑的门锁,看到房间里破旧的家具上已经蒙上了厚厚的灰尘。她大声呼喊着:妈妈,我回来了! 妈妈,我回来了! 但却听不到任何回声!

她一时茫然失措,这时她还不知道家里已经发生了重大变故。她急匆匆地跑到邻居伯伯家里,询问她的妈妈到哪里去了。伯伯说:"孩子,只要你不哭,我就告诉你妈妈在哪里!"伯伯强忍悲痛,把真相告诉了这个女孩。原来,她的妈妈在两年前就病逝了。由于过度劳累外加经常卖血,妈妈的健康状况日益恶化,后来不得已住进了医院。在住院期间,妈妈非常想念自己的女儿,想再看女儿一眼,但是又怕耽误了孩子的学业。于是,在病床上,妈妈强忍住病痛的折磨,日夜不停地给女儿写了一封又一封平安信,直到这些信的日期一直排到女儿4年学业结束。

妈妈的思女之情和浓浓的母爱全都倾注在了这一封又一封的平安信中,为了能够攒足女儿4年的生活和学习费用,在弥留之际妈妈又和医院达成了协议,在她死后,将自己身体的所有器官全部出售给医院。妈妈把卖器官的钱和一叠厚厚的平安信交给邻居的伯伯,委托他定期给女儿寄去。女儿跪在妈妈的坟前,泪如雨下。千呼万唤她的妈妈,那含辛茹苦把她养育成人的妈妈,那曾经与她相依为命的妈妈,那给了她另一个家的妈妈,那曾经不知给了她多少温馨和幸福,给了她多少勇气的妈妈,如今却留下她一个人孤零零地在这个世界上,她怎样面对未来的生活,怎样面对前面崎岖不平的人生之路?

我们能孝敬父母、孝养父母的时间一日一日地减少。如果不能及时行孝,会徒留终身的遗憾。孝养要及时,不要等到追悔莫及的时候,才思亲、痛亲之不在。

在这个世界上,什么事情都可以等待,只有孝顺是不能等待的。时间如流水,青少年时期每个人都有很多事情要忙:忙学习,忙作业,忙游戏……等成人了,还要忙工作,忙事业。

当我们认为真正拥有了可以孝顺父母的能力的时候,可能已经为时太晚了,因为这时候的父母已经吃不动也穿不了了,有的父母甚至已经离开了尘世。

趁父母还健在的时候多为父母做点事,用实际的行动来表达我们对他们的爱和感激,而不要总是把爱埋在心里。

2.家庭温暖,可以放"心"

有人说:家是放"心"的地方。如果不把"心"放到家里,让它在外漂泊,心又怎么安稳呢?

是啊,可这个家是谁给我们的呢?是谁用尽一辈子的心血,为我们建造了一方温暖之地呢?是我们的父母,是视我们为生命全部的双亲。可同样的问题,我们为父母做了什么?我们有没有把一颗心系在父母身上,安放在家中?

每个生命从呱呱坠地到长大成人,无时无刻不渗透着父母全身心的关爱。照理,父母老去时,我们尽孝道也是天经地义的事。然而现实生活中,"尽孝"却往往被人们排在次要的位置。

现实生活中,有很多年轻人认为,孝的含义是"善于奉养父母"。有人认为孝顺就是给父母足够的钱；有人说是保证他们的身体健康；还有人说老人就是"老小孩"，隔几天哄一哄就万事大吉。

积极心理学认为：孝顺还包括精神生活的理解和慰藉，这是情感上与父母的融洽，更是心灵深处与父母相依相伴的儿女真情。

儿子回家去看父母。因为一直忙，他好久没回去了，以致父母看到他，都愣在那里说不出话。过了好久，父亲才缓过神来问："你工作那么忙，怎么有空回来？"儿子说："公司给了几天假，所以就想回来看看。"

母亲似乎不信，于是盯着他的脸研究半天，最后紧张地问："你、你没出什么事吧？是工作出差错了？要不然就是和媳妇儿吵架了？"母亲一连串的问题让他的脸发红，他不知道自己这样一个平常的举动会让父母有这么多的疑问。他思量着可能是自己回家太少的缘故吧，这个他本应该常回来的地方，他忽略了太久太久，以致现在回来反而显得不正常了。

确定儿子是回来看望自己的之后，父母都很兴奋，两位老人像是得了奖励的小孩一样，笑得合不拢嘴。之后，父亲忙着去买菜，母亲留在家里陪他聊天。母亲拿来花生和瓜子让他吃，刚坐下，家里的电话就响了。因为母亲习惯用免提，所以隔得老远，他就听见父亲的声音。

父亲在电话那端说："忘了跟你说了，给你泡的蜂蜜枸杞茶在窗台上放着，现在喝刚刚好，你赶紧喝啊，小心放凉了。"母亲挂了电话，走到窗台，端起茶来，笑眯眯地喝了一口。阳光照在母亲的脸上，把笑容映得很温暖。

喝完茶，母亲还没来得及坐下，电话又响了，还是父亲："咱家的水费是不是该交了？我忘了拿单子，你把编号告诉我，我顺路去交一下。"挂了电话，母亲笑着埋怨说："你爸这人啊，就是事多，出去一趟，能往家里打十几个电话。那点儿工资，都给通信事业作贡献了。"

母子俩正说着呢，父亲的电话又来了，听得出来，父亲的声音很兴奋。他用好像发现了新大陆似的语气说："老太婆，你不是喜欢吃黄花鱼吗？今天菜市场有卖的，我买了三条，回去我亲自做你最喜欢吃的清蒸黄花鱼……"

二十多分钟里,父亲的电话接二连三地来,母亲也不厌其烦地接。与其说母亲在陪他聊天,倒不如说是陪父亲聊天。他终于忍不住抱怨说:"我爸怎么越来越絮叨? 这些话等他回来说也不晚啊,这样打来打去的多耽误功夫啊!"

母亲听了,拍着儿子的手,笑着说道:"是啊,人老了,话也多了。但是傻孩子,你爸的心思你是不懂啊! 他这不是絮叨,他这是惦记着我,他是把心留在这个家里了。人活着啊,图什么奔什么呢,不就是心里的牵挂和寄托吗? 你爸是因为有牵挂有寄托,所以才会一个接一个地打电话。他怕我跑来跑去接电话会摔跤,还专门把家里的电话换成了子母机。你爸他人虽然在外面,却把心放在了家里,家里事无巨细,他都挂念着呢。不要以为只要往家里拿钱就行了,家不是放钱的地方,而是放心的地方,只有把心放在家里,爱和幸福才会在家中长驻,你明白吗?"

是啊,你明白吗? 他明白吗? 我们明白吗? 多么简单的一个问题,它不关乎财富,不关乎名利,只要我们拿出自己的心意,知道我们还有个家,还有一双年老的父母,他们就已经很满足、很幸福了。

从前,我们年幼,不理解父母为我们付出的爱,他们见不得我们受委屈,就算自己没有多少本事也要尽可能地想办法来满足我们的要求。只有我们穿的用的吃的都不比别人差,他们才能稍微心安一点。一旦见自己的孩子穿得不如别人好,他们总是在心中自责,怪自己没有本事而让孩子受了委屈;有什么好吃的他们从来不舍得吃,总是留给我们,因为他们觉得大人吃了浪费,不如留着让我们吃了长身体。有时候我们很好奇,问父母你们为什么不吃啊?他们总是用自己不爱吃来推辞,以致我们理所当然地认为他们不爱吃这,不爱吃那,而他们最喜欢吃的却是我们最不爱吃的东西。

可我们有想过这是为什么吗? 没有,因为我们习惯了他们把心放在我们身上,我们习惯了他们忘记自己来取悦我们。他们总是很轻易地读懂我们需要什么,我们看一眼街边的糖果,父母看在眼里,只要他们有能力,我们的手中一定会出现几块糖果;我们打量一件漂亮的衣服,父母记在心里,回家辛苦劳作,攒下钱来为我们做一件可心的衣裳。可父母缺什么东西,需要什么,做儿女的我们却不知道不了解,有时就算父母开口讲了,我们都不一定记在心上。如果我们生病了,他们急得吃不下饭、睡不着觉,寸步不离地守在旁边,嘘寒问暖。如果父母病了,我们能有几个人做到寸步不离,能着急到寝食难安、心急如焚?

这是什么原因造成的? 这是因为我们没有把心放在家里,没有把心放在父母身上。我们总以为等我们挣到了足够的钱,给他们买好吃的,好穿的,就是孝敬他们,就是报答他们,可这些,真是他们需要的吗? 他们已经那么老了,能吃多少,又能用多少呢? 如果我们的心不在那里,东西再多能有什么用呢?

精神重于物质,放钱,不如放心。儿女如果有心意,即使清贫度日,他们也会甘之如饴。我们感叹时光的飞逝,总是说人生如梦,再回首已是百年身。趁着我们还年轻,趁着父母还健在,让我们为他们多尽点心,多用点心。把心放在家里,时常惦记着,牵挂着,这才是对他们最好的孝敬和报答。

因为家是放心的地方,是盛放爱的地方。忙,从来都不是理由,心在,爱在,牵挂在,幸福才会繁衍不息。

3.要营造温情,请先丢下烦恼

不管你在外面如何风光或是受到何种委屈, 你都会想到家这个宁静的港湾。所以,我们每个人都要用心去营造它。进门前,请丢掉烦恼,把快乐带回家。

积极心理学认为:世界上最值得珍惜的情感莫过于与家人的关系,家庭的温馨和亲情的深厚永远是我们最渴望、最迷恋的生活内容。

如果把外边的烦恼带回家,会给你的思想继续增加负担。把外边的烦恼带回家来,会直接影响家庭成员的思想情绪,增添你的烦恼。把外边的烦恼带回家的次数多了,无形中会在家中产生不良的氛围,会使家成为产生烦恼和爱发牢骚的市场,这势必会影响全家人的心理健康。

有一个水电工有一天被农场的主人请去修理管道,到了那儿以后,他发现所带的工具不知什么时候坏了,等修工具的时候又不小心把手割伤了。好不容易忍着伤痛修完管道,要开车回家的时候却发现车子不能发动了,只好打电话请修理厂把车拖走去修。总之,这一天倒霉烦心的事全都被他遇上了。

农场主看到心情沮丧的水电工,便好心地开车送他回家。为了表示感谢,水电工邀请农场主到家里坐坐,喝杯咖啡。这时,农场主发现,水电工没有直接进家门,而是先在门口旁的树上用手摸了一会儿,嘴里还不停地念叨着什么。然后,农场主又惊奇地发现,那个本来一脸愁绪的水电工突然变得心情愉快,脸上露出了喜悦的表情。紧接着,水电工打开家门,高兴地呼喊着妻子及两个女儿的名字。农场主非常好奇,心想,这棵树难道有什么魔力不成?于是,他随着水电工也一起进了家门,并和开朗、好客的一家人愉快地聊了起来。最后,与他们共进晚餐。

晚餐过后,农场主准备回家,水电工出来相送,农场主便把心里关于那棵树的疑团对他讲了。水电工微微笑了笑,说:"其实,那是我的烦恼树。因为工作的关系,我经常会遇到一些烦心的事情,可是我又不想每次都把烦心的事带回家,让家人也跟着一起不开心。于是,我想了个办法,每次遇到烦心事,在回家之前,先把它们'寄挂'在那棵树上,等到了第二天出去工作的时候再来取。可后来我发现,再来取那些烦恼的时候,它们已经不在了。"农场主听了之后,被他的这种精神所深深感动,心里也很钦佩。

积极心理学家们认为,近年来,人们的心理危机越来越多。这是因为人们经常处于一种竞争激烈的环境之中,一旦遇到某种挫折,就意味着对自己那种"高标准、严要求"目标的否定。而此时所处的高位使他们难以找到可以倾诉和求援的知心朋友,负性情绪难以排解。因而,在事业上取得成就的人,更容易发生心理危机,在工作上、事业上铸成严重错误或给原本幸福的家庭带来不幸。

第五章　天伦之乐
——百善孝为先，家和万事兴

　　有个人去一个朋友家做客，出了电梯，赫然见门上挂了一方木牌，上面写着两行字："进门前，请脱去烦恼；回家时，带快乐回来。"他久久凝视，细细品味。进屋后，男主人一团和气，孩子大方有礼，一种看不见却感觉得到的温馨、和谐，满满地充盈着整个房间。

　　女主人对木牌是这样解释的："其实也没什么，一开始只是提醒我自己，身为女主人，有责任把这个家经营得更好……有一次我在电梯的镜子里看到一张充满疲惫、灰暗的脸，一双紧锁的眉头，下垂的嘴角，忧愁的眼睛……把我自己吓了一大跳。于是，我开始想，当孩子、丈夫面对这副愁苦暗沉的面孔时，会有什么感觉？假如我面对的也是这样的面孔，又会有什么反应？接着我想到孩子在餐桌上的沉默，丈夫的冷淡，这些在我原来认为是他们不对的事实背后，隐藏的真正原因竟是我！当时我吓出一身冷汗，为自己的疏忽。当晚我便和丈夫长谈，第二天就写了一块木牌钉在门上提醒自己。结果，被提醒的不仅是我自己，而是我们一家人……"说完，她幸福地笑了。

　　其实有很多时候，人们都没有很好地控制自己的情绪，一旦在工作中遇到了不顺心的事，就板着一张苦脸回家，而且有时候还把怒火转移到家人身上。而家庭中不管是年迈的双亲还是幼小的子女，可能正需要你的安慰和关心。你的工作烦恼，不良的情绪会给他们带来更多的担心和牵挂，有害无益。

　　所以说，不管遇到什么烦心事，都要控制好自己的情绪或想办法把它们统统消灭掉，不把它们带回家。要带回家的，只能是快乐。要明白，家人的快乐，才是自己最大的快乐。

　　生活中有许多事情我们是无力改变的，唯一能改变的只有心情。遇到不如意的事情时，要积极调整自己的心态，不要让自己的不良情绪影响到身边的人。对待自己冷静一点，对待周围的人宽容一点、和气一点，给自己的心情铺一条平和的路，烦恼就不会再整天跟着自己，这样做，你会发现生活中到处都充满阳光。

4.记着对方的好,忘记对方的错

积极心理学认为:婚姻是需要夫妻双方共同来维护的,只有彼此间信任与坦诚、深入地沟通才能持久。

相互斗气并不能养家,还会因为一些小误解而断送美满的婚姻。

小秦和小丽结婚3年了。3年来,他们之间经常为一些鸡毛蒜皮的小事吵吵闹闹。

有一天小丽回了娘家,小秦下班回来发现钥匙弄丢了,进不了门。他费尽周折,最后找来一个特别瘦小的孩子,让孩子从防盗窗的空隙钻进去,帮他打开房门。

小秦知道小抽屉里还有一把备用的钥匙,他拉开小抽屉,可钥匙却不见了。等妻子回来,小秦就问:"小丽,小抽屉里的钥匙呢?"小丽不高兴地说:"我把钥匙给我父亲了。怎么,这你也要管?怕我父亲开门来偷东西?你放心吧,我父亲不是贼。"小秦本来想告诉妻子说自己今天丢失了钥匙,可听到妻子一开口火气就这么大,他就懒得说了。

小丽的嘴爱说话,把小秦追问钥匙的事告诉了母亲。小丽的母亲赶紧对丈夫说:"老头子,你快点把钥匙还给小秦,万一他家里丢了什么东西,你跳进黄河都洗不清。"小丽的父亲生气地说:"我要他的钥匙是为了送米给他的时候方便进门,谁偷他的东西啦?"

小丽的父亲终于把钥匙还给了小秦。从此以后,他不再送米到女儿家了。小丽的父亲心中愤愤不平,一见到熟人就把他送米给女婿反而被女婿当作贼的事讲一遍,讲完后总是叹气说:"唉,我真是瞎了眼,把女儿嫁给这么缺德的人。"

第五章　天伦之乐
——百善孝为先，家和万事兴

不久，小丽父亲的话不知怎么传到了小秦的耳朵里，于是他气呼呼地去质问："岳父你怎么骂我缺德？"小丽的父亲说："你就是缺德！我当初让小丽嫁给你真是瞎了眼。"小秦说："嫁错可以离婚嘛！"小丽的父亲说："离就离！"

小丽却不想离婚，她拉住小秦的衣袖说："如果你改正，我愿意跟你过一辈子。你快向我爸认个错吧。"小秦说："你们把污水泼在我身上，还要我认错，哪有这样的道理？"小丽生气地说："你不要抵赖了，现在谁不知道你把我父亲当作贼？"小秦说："算了算了，我怕你，我走。"

离婚后的小秦和小丽静下心来想想，到底为什么俩人会离婚呢？好像只为一把钥匙，又好像为了很多。

对小事的疏忽往往是造成婚姻生活不幸福的原因。婚姻就好比是株敏感的植物，它甚至经不起粗鲁的触摸；它是朵娇贵的花，漠然会使它冷却，猜疑则使它枯萎，必须淋以温柔的情爱之水，借亲切欢乐的光辉才能开放，还得以牢不可破、坚不可摧的信心之墙为其守护。

秦可冉正在筹划结婚一周年纪念活动的时候，看到丈夫的包里有一张请柬，原来丈夫的初恋情人正好将在这一天举行婚礼。她想，既然他想去，就让他去吧，于是她放弃了自己筹划的结婚周年纪念活动。

接下来几天，她都不见丈夫有什么动静。婚礼前一天，丈夫打电话给秦可冉，让她一起出席婚礼，并希望她准备一份恰当的礼物。秦可冉假装很大度地答应了。看着她穿着高跟鞋跑了几家商场挑选礼物，丈夫心疼极了，回家时一直把她的手攥得紧紧的。回到家，秦可冉又给礼物包上了漂亮包装，一向木讷的丈夫还破天荒地对她说了几句感谢的话。

等到丈夫去洗澡时，她才忍不住哭了出来。丈夫为初恋情人的婚礼那么尽心，做妻子的怎么能不难过呢？

第二天，秦可冉陪丈夫去参加婚礼。丈夫看到穿着婚纱的新娘，还是多少有些失态，喝了好多白酒，还抓住新郎的手不放，要他这辈子好好照顾新娘子。秦可冉明白丈夫心中的失落,也就没有劝他。这一晚,丈夫喝得酩酊大醉。

一大早,睡眼蒙眬的秦可冉起床后,看到餐桌上放着一份煎蛋。丈夫系着围裙从厨房出来,对她说:"谢谢你陪我告别一段初恋! 以后我的人和我的心都完完全全地属于你了。"

秦可冉听后,流着眼泪开心地笑了。

维持一段婚姻,需要双方的共同努力,离不开双方的相互理解和相互宽容。理想的婚姻要经得起岁月的考验,夫妻双方也要有包容的胸怀,给彼此一点儿空间,同时还要有共患难的心理准备。夫妻之间要经常进行换位思考,从而加深理解。同时也要加强沟通,把自己的想法如实地告诉对方,这样会减少很多矛盾和误会。只有亲身感受到对方为你作出的努力和牺牲,你才能深刻明白对方的爱与关怀。

婚姻不是一个人的事情,婚姻里的人都要对婚姻负责。有这样一句妙语:"婚姻是唯一没有领导者的联盟,但双方都认为他们自己是领导。"试想,婚姻中一对陌路相逢的男女,要在同一屋檐下风风雨雨生活几十年,而且又有着各自的个性。当个性发生冲突时,往往会带来家庭的摩擦,很多家庭因个性冲突亮起红灯,此时,更需要彼此的理解和包容。爱情如水,婚姻似杯,当爱情沉淀的时候,当婚姻出现了波折,我们该轻轻地摇摇杯子,用理解和包容来沉淀。

既然要理解对方,就不能只停留在口头上,还要表现在行动中。一个幸福、和谐的家庭,需要双方共同努力,所以要记着对方的好,忘记对方的错,关键时要给予对方理解和容忍。

5.拥有梦想的孩子,才能展翅飞翔

人类最可贵的本能就是对未来充满幻想,对明天充满激情——尽管这些幻想有许多不确定的因素,尽管有些孩子的梦想永远都不能实现,但是,每一个人都在憧憬着未来,并为着或远或近的"未来"投入他们全部的努力。

孩子天生都有梦想,童年是多梦的季节,童年是梦想的故乡。梦想是鸟儿飞翔的翅膀,不展开翅膀,你永远不会知道自己究竟能飞多远。一个人心中拥有了梦想,就会在希望中生活,并不断地创造生命的奇迹。

许多年以前,一位穷苦的牧羊人带着两个年幼的儿子,靠为别人放羊来维持生活。一天,他们赶着羊来到一个山坡。这时,他们看见了一群大雁,叫着从他们头顶飞过,并很快从自己的视野中消失了。

"大雁要往哪里飞?"牧羊人的小儿子问他的父亲。

牧羊人回答说:"为了度过寒冷的冬天,它们要去一个温暖的地方安家。"

"要是我们也能像大雁一样飞起来就好了,那我就要比大雁飞得还要高,去天堂看妈妈。"他的大儿子眨着眼睛羡慕地说。

"做个会飞的大雁多好啊!可以飞到自己想去的地方,那样就不用放羊了。"小儿子也对父亲说。

牧羊人沉默了一下,然后对儿子们说:"如果你们想,你们也会飞起来。"两个儿子试了试,并没有飞起来。他们用疑惑的眼神看着父亲。

牧羊人说,看看我是怎么飞的吧。于是他飞了两下,也没飞起来。牧羊人肯定地说:"可能是因为我的年纪大了才飞不起来,你们还小,只要不断努力,就一定能飞起来,去你们想去的地方。"

儿子们牢记着父亲的教导,并一直不断地努力。等他们长大以后终于飞起来了,他们就是美国的莱特兄弟,他们发明了飞机。

黎巴嫩著名诗人纪伯伦说:"我宁可做人类中有梦想和完成梦想愿望的、最渺小的人,而不愿做一个最伟大的无梦想、无愿望的人。"

面对孩子的梦想,很多父母会说那是不切实际的"好高骛远",他们不明白,正是有了梦想,不切实际才有可能变为实际。梦想就像人体成长所需要的微量元素与氨基酸,缺少它,大脑的营养就跟不上,思维就会变得迟钝,没有想象力、创造力。父母要学会给孩子以梦想,让孩子在无数个梦想中,充分发挥想象力与创造力。

比尔·克利亚是美国犹他州的一个中学教师,有一次他给学生布置了一道作业,要求学生就自己的未来理想写一篇作文。

一个名叫杰克·亚当斯的孩子兴高采烈地写,用了整整半夜的时间,写了七大张纸,详尽地描述了自己的梦,梦想将来有一天自己拥有一个牧马场,他描述得很详尽,画下了一幅占地200英亩的牧马场示意图,有马厩、跑道和种植园,还有房屋建筑和室内平面设计图。

第二天他兴冲冲地将这份作业交给了克利亚老师。然而作业批回的时候,老师在第一页的右上角打了个大大"F",并让杰克·亚当斯去找他。

下课后杰克去找老师:"我为什么只得了F?"

克利亚打量了一下眼前的毛头小伙,认真地说:"杰克,我承认你这份作业做得很认真,但是你的思想离现实太远,太不切实际了。要知道你父亲只是一个驯马师,连固定的家都没有,经常搬迁,根本没有什么资本,而要拥有一个牧马场,得要很多的钱,你能有那么多的钱吗?"克利亚老师最后说,如果杰克愿意重新做这份作业,确定一个现实一些的目标,可以重新给他打分。

杰克拿回自己的作业,去问父亲。父亲摸摸儿子的头说:"孩子,你自己拿主意吧,不过,你得慎重一些,这个决定对你来说很重要!"

第五章　天伦之乐
—— 百善孝为先，家和万事兴

杰克一直保存着那份作业，那份作业上的"F"依然很大很刺眼，正是这份作业鼓励着杰克，一步一个脚印不断超越创业的征程，多年后杰克·亚当斯终于如愿以偿地实现了自己的梦想。

当克利亚老师带着他的30名学生踏进这个占地200多英亩的牧马场，登上这座面积达460平方米的建筑场时，他流下了忏悔的泪水。"杰克，现在我才意识到，当时我做老师时，就像一个偷梦的小偷，偷走了很多孩子的梦，但是你的坚韧和勇敢，使你一直没有放弃自己的梦！"

有梦才会有期望，有期望才会有拼搏和激情，守住自己的梦，勇敢地走下去，你就会比别人提前到达成功的彼岸。家长和老师不妨反思一下，我们是不是常常按照大人的主观意识，按照我们自己的社会经历和经验去要求、约束孩子们。一旦遇到孩子们超常的想象，就会批评、否定，指责他们没有遵循常理。其实，我们如今的社会太现实了，缺乏的正是想象力。作为家长和老师，我们要鼓励孩子们不仅要有想象，还要敢于遐想，甚至于瞎想。一个对任何事情想都不敢想的人，还有可能付诸行动吗？

因此以后，只要他想象，就让孩子放开想吧。以后他做什么事情，也不要再给他太量化了，告诉他要去的地方，至于走哪条路，让他随自己的意走吧。一个真爱孩子的父母应当精心保护孩子的梦想，让梦想的种子长成参天大树。

每个人都有自己的童年，童年的生活是美好而又令人难忘的，犹如生命溪流最初泛起的浪花。童年充满着梦想，天空中，到处都挂着诗意的彩虹，儿童的艺术、儿童的诗歌、儿童的游戏，都是一个独特的存在，一百个儿童有一百个世界去梦想，他自由地涂鸦、吟唱、表演、装扮，在这梦想的王国，他是实实在在的国王。

很多家长习惯了为孩子规划未来，然而在这个过程中，家长们会不经意地嫁接自己的梦想或者扼杀掉孩子的梦想。事实上，作为家长最该做的事情，应该是尊重孩子的梦想，引导孩子的发展，帮助孩子在追梦的路上奔跑。

孩子在每个年龄阶段，都将不同程度地学会与现实社会所关联的规则。你不妨回忆一下自己的成长历程,就会发现树立规则和边界的方式一方面来自父母,另一方面则来自自我模仿。专家指出,孩子对世界的态度、理解方式和行动方式,是天赋、环境交织的结果,因而他们会选择不会危及自身的探索方式,固定为自己的理解及行动模式。如果一定要将成人的价值观全盘加诸孩子身上,除了会让孩子失去童年的欢乐之外,成年后也会深受个性压抑之苦。在孩子的成长过程中,每个阶段都伴随着其独立人格的逐步完善,所以一旦他们有了自己的梦想,你参与其中的只能是分析、评估和协助,而非武断地替他们做决定或加以阻止,最后一切还得按你那套来。

对于孩子的梦想,要让它们生动起来就必须参与其中,也就是俗话说的,言传身教。当孩子有了自己的思维,开始向你表露他们的兴趣时,你就不难从中发现他们的梦想。简单如他们,坦率地表示"我想干吗"这种行为你肯定能早有所觉,而你要做的,就是留意这些并身体力行地予以支持。

无论哪个年龄段的孩子,他们的梦想都弥足珍贵,让孩子保有自己斑斓的梦想,才能开拓属于他们的人生路。父母需要切记,所有的梦想都有一个渐进的过程,不能轻视孩子的梦想,也不能暗示孩子急功近利,每一个幼小的梦想,都是从一个初步设想到牢固树立的过程。在它萌发之初,需要父母有一双发现的眼睛及十足的耐心,及时实施积极的点拨和引导。对孩子刚刚萌发的梦想之苗,动辄苛以参天大树般的要求,这无异于拔苗助长,容易让孩子产生沮丧感。

如果父母们都用这样的态度来对待孩子的梦想之苗,那么,也许孩子永远也不可能树立起坚实而稳固的梦想。而梦想的进一步稳固期,则需要家长有一颗恒心和耐心以及博大的爱心,即帮助孩子为自己的梦想,持之以恒地付出自己的努力。行动上的帮助和不断的精神鼓励是必备的,在孩子遇到困难时,还应该帮助孩子克服困难,并在适当时候,给予积极正面的精神支持。

当然,梦想总有结果的时候,这时候父母应当大力地予以赞扬和肯定,让孩子树立起自信和品尝到梦想创造的真正乐趣。如果确定了明确的梦想,清楚孩子最想成为什么样的人,那么就应该通过集中孩子的想象力、注意力来使其变成能够实现的目标。这样，梦想才会成为一种激情和决心，将最大限度地激发孩子的潜能。

6.事本无异，异的是心情

生活中，人人都会有坏情绪。所谓坏情绪，即负面情绪，指人们在不利的外界环境以及不利的自身条件下，产生的苦闷寂寞、忧郁悲伤、失意痛苦、愤怒嫉妒、紧张不安、恐惧憎恨等不良情绪。坏情绪和细菌病毒一样具有很强的传染性，而且传播速度极快。

积极心理学家认为：快乐与人生的顺境和逆境无关，只与人的愿望和努力的方向有关。

女人常常会被一些琐事困扰，情绪波动也比较大。比如因为妒忌、虚荣、自卑等心理，诱发许多坏情绪。这种"情绪传染"在家庭中最为常见。因为做家务生气，因为性格不合生气，因为孩子生气，因为工作不顺心生气……总之，所有鸡毛蒜皮的小事都会生气。因为情绪传染，不但自己没有好心情，家里人的情绪也会受到影响，严重的还会导致夫妻不和，波及老人和孩子。

如果坏情绪长期存在，不能及时地得到宣泄和处理，轻则使人失眠焦虑，精神不振，注意力不集中，工作学习效率低下，重则让人悲观消沉，精神抑郁，给身体和心理带来较大的伤害。

秦思雨和丈夫于炜青梅竹马，大学毕业后顺理成章结了婚。尽管妻子偶尔会闹点小情绪，但总体来说新婚生活还算甜蜜。都说夫妻"床头吵架床尾和"，可到后来，秦思雨一闹起情绪来，就会特别偏激，不能自控，很小的一件事情，她也能闹得满城风雨。

三个月前的一天，于炜所在的部门完成了一个大项目，全体同事一起出去庆祝，直到凌晨才回家。秦思雨看到丈夫满身酒气，非常生气，训斥他心里根本没这个家。于炜觉得妻子是无理取闹，连跟同事之间的正常交往都要管，所以也非常生气。一场唇枪舌剑就此展开，一直持续到天亮。

第二天，丈夫下班回到家，秦思雨又为这件事情接着吵。于炜厌烦不已，气急之下说："离婚算了。"秦思雨听后，情绪非常激动，随手拿起一把水果刀就往左手腕上划了一刀，顿时鲜血直流。

从此以后，于炜尽量克制自己，能忍让就让着她。每天晚上睡觉，他都会担心，不知道明天妻子又要做出什么样的事情。周末去爬山，他都怕她跳崖。就连走在大街上，于炜都担心妻子会往车前面冲。

于炜天天都过得提心吊胆，为妻子的症状担忧，以至于他内心非常不安，甚至还出现了失眠、焦虑等症状。更糟糕的是，到了公司，于炜也会特别容易激动，有些神经质。

秦思雨情绪低落，确实很容易做出极端行为。于炜也被妻子的坏情绪影响，生活状态十分糟糕。这就是不良家庭情绪造成的后果。在家庭中，每一个成员都会不自觉地体验到其他成员的情绪，并随其改变自己的情绪状态，这就叫作情绪感染。

一个人的情绪难免有好有坏，无论好与坏，我们都要坦然面对，勇于承受。即使出现了坏情绪，也要想办法控制。平时注意加强品格和心性修养，少一分冲动，多一些理性，学会克制自己，千万不要将自己的坏情绪传染给家人。

也许有的人会说，生活对我来说充满曲折和坎坷，磨难一个接着一个，幸福于我总是遥不可及，我怎么可能拥有快乐，怎么能不发脾气呢？

你也许有一个不幸的童年：幼年丧父或丧母，甚至是一个父母双亡的孤儿，可是你幼小的心灵里充满了不甘示弱的倔强。你当哭就哭，当笑就笑，用一种勤

第五章　天伦之乐
—— 百善孝为先，家和万事兴

奋和韧性代替了心中的幽怨和委屈，就像磐石底下拱出的一棵嫩芽，不停地将弯弯曲曲的细长身体顽强地向上伸展着，去竭力争取得到阳光雨露的滋润，于是它的根在挣扎着生长的过程中深深地植入大地的胸膛，饱饮泉水和养分；它的躯干和枝叶迎着灿烂的阳光苗壮而蓬勃地伸展着；即便是在风雨中它也在不停地歌唱。所以童年不幸的你，完全可以像这棵嫩芽一样，用坚强和乐观洗去脸上的阴郁和眸子里的泪光，一步一步扎实地向前走，最后你一定会长成一棵参天的大树。

也许你在情感的道路上突然遭受了一场严重的伤害，你的心被摧残得支离破碎，你觉得灵魂就像已经飞走了一般，但是只要你心中还有一丝快乐残存，那么它就会慢慢治愈你心头的创伤，使你那颗被情爱迷惑的心重新复苏，让你感觉到天涯处处有芳草。快乐会帮助你重新找到属于你的爱。

也许健康的你突然遇到一场飞来横祸，变成了残疾；也许原本家财万贯的你突然破产，一夜间变成了个一贫如洗的穷光蛋；也许聪明好学的你竟然高考失利……总之世事无常，命运多舛，任何人都可能在任何时间和任何地点，遭受到不同的打击和挫折，但是，任何事情本身都没有快乐和痛苦之分，快乐和痛苦是我们对这件事情的感受，同一件事情，你从不同角度来看待，就会有不同的感受。

比如兢兢业业工作着的你突然失业，你可以抱怨命运的不公平，可以痛恨上司的无情，可以忧伤得一筹莫展，但你也可以这样想：命运又成就了我一次选择职业的机会，也许从此我的生活会变得比以前更充实、更富裕，于是你能心情轻松地踏上求职的道路。一切的不愉快都不必挂在心头，那样只能伤害身体，酿成顽疾。你要相信，一切都会有的，面包会有的，牛奶会有的，总之工作是会有的，一切都会有的。

再比如，你不小心丢失了一件价格不菲的皮大衣，你可以对自己的粗心懊悔不已，可以对拾金而昧者耿耿于怀，但是你也可以这样宽慰自己：从此一个衣衫褴褛的穷人不再惧怕冬天的严寒了，于是你就有了一种助人为乐后的快慰。既然一切都不会失而复得，那就财去人安吧！

再比如,孩子拆坏了你精心收藏的一块钟表,你可以痛心疾首地揍孩子一顿,于是孩子哭,大人骂,家里顿时硝烟弥漫,可是你是不是也可以在片刻的痛心之后,马上这样一想:孩子在实践中又长了见识,于是你可以亲切地摸摸孩子的头:"孩子,你能把它再重新装起来吗?"笑一笑,自己乐,孩子乐,何乐而不为?

7.尊重是演绎幸福的前提

中国自古就有"举案齐眉""相敬如宾"的佳话,尊重是两个人相爱的前提,正像《简·爱》里的简·爱所说:站在上帝的面前,我们两个人的灵魂是平等的。

积极心理学认为:夫妻之间相互尊重,是爱情存在的基石,是产生爱情的根源。

夫妻之间没有相互尊重就不可能拥有真正的爱情,夫妻之间没有相互尊重也就无法建立和谐幸福的家庭。相互尊重是夫妻相处中不可忽视的重要因素,要想使家庭幸福,婚姻美满,夫妻之间就必须学会互相尊重,不能盛气凌人,更不能轻视对方。

白曼是一个端庄文雅、温柔沉静的传统女子,她10年前就读于本市的重点大学,知识分子的家庭培养了她知书达理的气质。她的同班同学李冰是一个来自农村、学习刻苦、品学兼优的男孩子,正是被她恬静内秀的气质所深深吸引,才萌发了爱情,对她穷追不舍。他的诚意也深深地打动了白曼。毕业后,在白曼父母的帮助下,李冰留在了本市工作,并抱得美人归。

第五章　天伦之乐

—— 百善孝为先，家和万事兴

婚后，李冰觉得自己家庭地位低下，却娶了一个城市姑娘为妻，而且岳父岳母均为大学教授，实在是既体面又令人自豪。因此，他对妻子十分关心和爱护，寻找一切机会陪妻子上街购物，参加各种聚会，出门旅游，为妻子购置高档服装、化妆品，在家里抢着做家务。

李冰的仕途也是一帆风顺，他在单位不仅工作出色，而且很会"来事儿"，人缘极好，深得领导赏识，刚28岁就被提拔为科长，成为管理人员中的后起之秀。但是，随着地位的变化和社交圈子的扩大，李冰的心理也起了变化，家务活做得越来越少，对妻子、儿子也逐渐失去了耐心，时不时把科长的派头带进了家中。白曼对此十分敏感，对丈夫的变化早有体察，偶尔用一句"你以前不是这样的"来提醒丈夫，但并未见效。

一次，单位来了一个检察团视察工作，领导指名让李冰带家属一同作陪。酒席上，李冰逢迎周旋，很得客人欢心，领导也非常满意。这样的场合白曼感到说不上话，要么冲客人笑笑，要么静静地坐着。回家后，李冰埋怨白曼："这么重要的场合，你怎么一声不吭？""跟他们又不熟，我想说话也不知该说什么。"白曼淡淡回道。李冰勃然大怒，手指头几乎指到了妻子的脸上："女人是男人的门面。你那样傻乎乎的，能给我挣什么门面？该说什么说什么，你长的是猪脑子啊？"白曼不再答话，忍气吞声地照顾儿子上床睡觉。

吵归吵，李冰在衣食用开支上对妻子仍然十分大方，各种新潮服装、高级化妆品源源不断，补得白曼那种端庄秀雅的气质更是出色夺人。李冰曾对来访的朋友说："咱不乱搞别的女人，老婆是咱的门面，爱护不够，是给自己抹黑。"白曼听在心里，却无可奈何，无以辩驳。几年来，丈夫在事业上的进步，对自己的诸般好处都是有目共睹，世间少有的，又有几个人能够理解自己的苦楚呢？

一天，白曼陪着儿子练电子琴，儿子缺乏兴趣和耐心，与白曼讨价还价。李冰坐在一旁冷言冷语地说："教孩子练琴也不会，你还能干啥？"白曼正在气头上，听丈夫这么说，狠狠地抽了儿子一巴掌，把儿子打得哇哇大哭。李冰霍地一下站了起来，冲过来挥了妻子一个大嘴巴，指着门大吼道："教不了孩子就给我滚蛋，大不了我再找一个！"白曼痛哭失声，冲出家门，躲回了娘家，抱着被子哭泣了大半宿。第二天,在岳父岳母的劝说下,两个人又和好了。

但李冰的心理并没有改变,不是说白曼靠他养活,就是骂白曼拿不出手。白曼矜持内向,生性不会斗嘴,面对各种委屈、不平,只是泪往肚里流,为此苦恼不堪。闹到最后,白曼只好与李冰离了婚。

在家庭中,如果一方盛气凌人,轻视对方,会极大地伤害另一方的自尊。台湾著名作家柏杨先生曾说过:"男女之间,获得爱易,获得敬难。夫妻间如果仅仅有爱而无敬,那种爱再浓郁也没有用,总有变淡变无的一天。崇拜和轻视只隔一张薄纸,一旦瞧之不起,便也爱之不起。"

只有当你以一种平等的眼光看待爱人,把自己和对方摆在同等的位置上,不轻视、不压迫、不伤害、不利用爱人时,才能说你给了对方基本的尊重。尊重,是爱的体现,只有尊重才能还原爱的本质。

人们常说:"前世的五百次回眸,才换来今生的擦肩而过。"每一位夫妻能走到一起十分不易,既是缘分,也是责任。所以彼此珍惜,坦诚相待非常重要。

在夫妻生活中,要把握好双方的本性,把握真情,需要用心,需要对爱的含义有深刻的理解,需要体现对对方的尊重,也需要有一些表达的艺术。

夫妻之间爱的演绎是一种互动,是一门需要不断学习的学问。有众多的女性朋友会表现为"刀子嘴豆腐心",心里是喜欢的,但从嘴里说出来就变成骂人的语言了。有些女性朋友在与伴侣交流的时候往往显示出一副凶婆的样子,而在自己同学面前或是同事面前又在千方百计地赞扬自己的先生,这倒并不是说在故意张扬,或是为了满足自己的虚荣心,实在是在内心很欣赏自己的先生。

当然,也有绝然相反的案例存在,即心里不爱,而满嘴地说爱你、想你之类的话。爱与不爱都要通过适当的方式表达,如爱,当然更加要表达;不爱,也要表达,这是对另一方的尊重。爱需要尊重,这是对爱的最高境界的理解。

所以,无论自己有多忙,无论有多么艰苦,夫妻双方都要安排一定的时间相互沟通。可以选一个温馨浪漫的场合,倒不一定要花大把的钱去高级场所;也可以选择逛马路沟通,至少每周都要安排时间进行完全属于二人世界的沟通。

夫妻都不要忘了在对方的生日或是共同的纪念日时作一次用心的安排,不一定要破费,只要用心就可以。当然,最好是符合爱人的接受方式,以符合爱人的喜好为主,不要自作主张而不顾及爱人的嗜好。当爱人对你有这样的安排的时候,一定要把喜悦表现出来,让爱人知道你的内心体验与感受。

假如爱人本是个浪漫的人,那么你要顺着爱人的喜好共同演绎浪漫,不要太计较花费金钱的问题,也暂时不要去担忧孩子的管理问题及家庭事务的处理问题,双方最好能定期到一个心仪的地方去度假。当然,这个是比较理想化的建议,但只要有心,是一定能实现的。假如你的爱人本不是个浪漫的人,那么在爱人可接受的范围内安排相对比较浪漫的活动,也会让爱人渐渐从浪漫的举动中体会到乐趣。有时候爱人表面上看上去虽然比较古板,似乎不热衷于这些浪漫的事,但内心还是喜欢的,只是不善于表达而已,因为,人都是情感的动物。

不要将家务事看得过分重要,当然,也不要全然不管家务事。多关注爱人,及爱人的家人、朋友,等等,让爱人深深感受到来自你的用心的爱。

第六章

朋友之乐

——所交皆君子,同道方为朋

学历、金钱、背景、机会……也许这一切你现在还没有,但是你可以打造一把叩开成功之门的金钥匙——朋友。在这个朋友决定输赢的年代,你不要奢望自己像武侠小说中的高手,靠一身武功就能称霸天下,而应该把自己打造成站在巨人肩膀上的英雄。

积极心理学认为:人生离不开友谊,但要得到真正的友谊很不容易;友谊总需要忠诚去播种,用热情去灌溉,用原则去培养,用谅解去护理。

1.良友不是财富却胜似财富

我们总是习惯在一个人取得成功的时候说:"那还不是他的机遇好!"是的,事实的确如此,在2013年中国百富榜十大财富选项评选当中,有数十位成功企业家将第二名给了机遇。但是我们为什么不问:"为什么他的机遇比别人好?"难道是上苍不公平,偏心他不成?不,机遇对任何一个人都是公平的,不同的是朋友关系的不同,可以说机遇就是朋友的潜台词;朋友关系的优劣,直接影响到机遇的多少。

朱元璋的成功就得益于机遇。元至正十二年(1352年)闰三月初一,朱元璋投靠郭子兴,被守城将士误当作元军的奸细,差点被杀,被郭子兴救下,收为步卒。从那以后,朱元璋便采取了"关键关系术"。

朱元璋是个聪明人,他知道郭子兴对自己事业的发展有着不可估量的作用。拉近与郭子兴的关系,也就等于拉近了与成功的距离。因此他非常努力,以出色的才能,让郭子兴坚信自己并未看错人。被收为步卒后,朱元璋每天在队长的带领下,与大家一起练习武艺。他非常明白,要想出人头地,在当时的条件下,唯一的途径就是拼命努力,这样才能引起郭子兴的注意。

所以,他总是比别人练得刻苦,练得认真,练的时间长,在十几天的时间里,就已经成为队里出类拔萃的角色,郭子兴非常喜欢他,每次领兵出击,都会把他带在身边,而朱元璋也总是小心地护卫着郭子兴,作战十分勇猛,斩杀俘获过不少敌人。

因表现出色,不久,朱元璋就被郭子兴调到元帅府做了亲兵九夫长。遇上重要事情,郭子兴总不忘征求一下他的意见,每次他都尽力谋划,使郭子兴越来越

第六章　朋友之乐

——所交皆君子，同道方为朋

觉得他有胆有识、有勇有谋，是个将才。

再后来，郭子兴就派朱元璋单独领兵作战。每次打仗，朱元璋总是身先士卒，冲杀在最前面；得到战利品，他又分毫不取，全部分给部下，因而部下都非常拥护他，每次出战，大家都齐心合力，所向披靡。

郭子兴见朱元璋带领的部队，凝聚力空前增强，战斗力大为提高。于是，对朱元璋比以前更加器重，特别想把他收为心腹，让他真心真意、死心塌地地跟着自己干。

我们祖先创造了"人"这个字，可以说是世界上最伟大的发明，一撇一捺两个独立的个体，相互支撑、相互依存、相互帮助，形象、完美地阐释了人的生命意义。

由一无所有到世界富豪的李兆基创造了商业奇迹，也是香港人的骄傲。美国《福布斯》杂志报道，李兆基1997年的资产达150亿美元，是当时亚洲最富有的人，也是世界第四大富翁。2011年，李兆基的财富更是达到195亿美元。

1948年，李兆基怀揣1000元钱，独自来到了东方之珠——香港，这个美丽朝气的城市。他有信心以他的金银业看家本领闯天下。

当时的香港中环文咸东街，足足有二三十间金铺银店，专营黄金买卖、外币找换、汇兑等生意，业务性质跟李兆基在顺德的永生银号没有分别。李兆基来到香港之后，开始在那些金铺银店挂单做买卖，凭着自己对黄金的熟稔和对市场的把握，李兆基很快就赚到了自己的第一桶金。

有了本钱，他又开始做五金生意，搞进出口贸易，钞票像滚雪球一样越滚越大。钱对他来说，不再是可望而不可即的东西，幼年时对财富的渴望，到这时已经知足，可不知为什么，他对这些生意始终提不起兴趣，面对着流水般涌来的钞票，他的不安心理与日俱增。

后来，李兆基回忆当年生活时曾说："我七八岁时就常到父亲的铺头吃饭，自小对生意已耳濡目染，后来在银庄工作，令我深深体会到无论法币、伪币、金

115

圆券等,都可随着政治的变迁,在一夜之间变成废纸,令我领悟到持有实物才是保值的最佳办法。"于是,已过而立之年的李兆基在经过深思熟虑之后,毅然选择了地产,走上了一条日后为他带来无量前途的实业之路。

第二次世界大战之后的香港人口激增,工商业日益发达。1954年政府公布:全港经营登记的工厂共有2494家,下属工人11万多人,未曾登记的工厂工人数目逾10万,增幅较去年接近一倍。李兆基并不认为政府建设楼宇的步伐能赶得上民生的迫切需要,他看准时机,准备大干一场。

1958年,李兆基和两位志同道合的朋友郭得胜、冯景禧共同组建永业企业公司,开始他们向地产业的进军。

三位好友中,郭得胜年龄最长,经验丰富,老谋深算;冯景禧居中,精通财务,擅长证券;李兆基虽然最年轻,却足智多谋,反应敏捷。公司成立后的第一桩生意,就是买入沙田酒店,然后再以低价收购一些无人问津而又富有发展潜力的地皮,重建物业出售。他们"分层出售,分期付款"的推销方式颇受市民欢迎,效益显著。就这样,"永业"初涉地产便一炮打响,站稳了脚跟,郭、李、冯因此声名大振,得到了"三剑侠"的赞誉,而李兆基因为年龄最小,被称为"地产小侠"。

正是因为这些朋友,李兆基的房地产王国才得以建立。

对于每个人来说,无论你是穷人还是富人,假如你希望将来可以拥有更多的财富,并且延续下去,那请你为以后的财路交更多的朋友,这样你以后在财富的道路上才能越走越宽阔。

2.靠近"高"人，提升价值

很多时候，大多数的穷人都只喜欢走穷亲戚，非常排斥与富人交往，所以圈子里绝大多数也只是穷人。久而久之，心态成了穷人的心态，思维成了穷人的思维，做出来的事也自然就是穷人的模式。

而相对于穷人来说，富人偏偏最喜欢结交那种对自己有帮助，能提升自己各种能力的朋友，他们不纯粹放任自己仅以个人喜好交朋友。在他们的眼里，只要是能够对自己有帮助的，而且实力在自己之上的，他们绝对不会放过结交的机会。

积极心理学认为：和"比我们高"的人站在一起，能从他们身上学到成功的秘密，从他们那里截取到更多有利于自己成长的东西。

谢方瑜是一名普通的办公室文员，她来自一个蓝领家庭，平时不怎么喜欢结交朋友。偶尔和她在一起的几个朋友，也同她一样，都是一些为了生活而到处奔波的打工者。为此，谢方瑜时常郁闷，为什么自己和朋友就永远都只能做一个打工者呢？

在谢方瑜的公司里，和她一个部门的田丽丽是一位很优秀的经理助理，而且拥有许多非常赚钱的商业渠道。她生长在富裕家庭中，她的同学和朋友都是学有专长的社会精英。相比之下，谢方瑜与田丽丽的世界根本就有天壤之别，所以在工作业绩上也无法相比。

因为刚来公司不久，谢方瑜不知道该如何与来自不同背景的人打交道，所以少有人缘。一个偶然的机会，谢方瑜参加了某项职业能力提升培训，她才得知，原来自己之所以一直这样"默默无名"，与自己所结交的人和事有很大的关系。

她回家后仔细地分析了一下，因为平时和那些姐妹们在一起不是抱怨生活，就是抱怨自己的命运有多么坎坷，而且通常那些朋友也和她一样，常常为了一点事情就沮丧不已，真正出了什么事情，彼此之间却因为能力有限而帮助不了对方。

从那以后，她开始有意识地在公司多和田丽丽联系，并且和田丽丽建立了良好的私人关系。私下里，她通过田丽丽认识了许多有能力的人物，在事业上也开启了新的篇章。

的确，朋友之间的相互影响，会有潜移默化的作用。也许你今天胸怀壮志，准备干一番大事业，但是你的朋友却渴望安逸、平静的生活，于是在他的影响下，你的这番心思也渐渐地被淡化。慢慢地，就如同过往尘烟，一吹即散了。

也许，很多人会说，如果带着这种"有色眼镜"去看人，未免有点太不地道。其实不然，如果你平常只知结交一些一无是处的朋友，他们只会接受你给他的帮忙，而在你处于困境时，对方却因为自身能力有限无法帮助你什么，这时你等待的结果也只能是失败。所谓"近朱者赤，近墨者黑"，如果一个人总是在一些小圈子里面混，那么他将永无出头之日。

成功是一个磁场，失败也是。一个人生活的环境，对他树立理想和取得成就有着重要的影响。周围的环境是愉快的还是不和谐的，身边有没有贵人经常激励你，常常关系到你的前途。

所以，我们要想"抬高"自己的价值，就必须往"比我们高"的人身边站。

3.今天的小人物,明天生命中的贵人

通常,小人物的故事才是最真实的,人世间的故事多是由小人物们演绎的。类似的故事之所以能流传下来,就是因为,总有些温情的东西温暖着我们心里的某一个角落,感动我们的心灵。

积极心理学认为:那些不起眼的人,或许是我们人生轨迹中的重要变量。

汤姆最近生意不顺,投资的股票又几乎全部亏本,正处于走投无路的关头,这时候他收到一封奇怪的信。这是一位总裁写的信,他说自己愿意把公司30%的股权转让给汤姆,并聘汤姆为公司和其他两家分公司的终身法人代理。

汤姆不敢相信天下真有免费的午餐,他依照信上提供的地址找过去准备探个究竟。总裁见到他就问:"你还记得我吗?"汤姆很茫然。总裁就说:"这就更难得了。"

经这位总裁提醒,汤姆隐约记得:10年前,汤姆去移民局排队办工卡。他听见移民局的工作人员对自己前面的人说:"你的申请费不够,还差50美元。"这人好像是真的就缺这50美元了,不过他要是今天拿不到工卡,就找不到雇主了。汤姆看那人挺为难的,就拿出50美元为那人交了。想不到10年之后,那人这么发达。

总裁告诉他,自己这么闯荡了10年,经历了很多的磨难,但却一直保持积极乐观的生活态度,正是汤姆让他相信,世界是充满爱心的,前途是光明的。他之所以迟迟没有还汤姆那50美元,是因为,他觉得这不是50美元所能表达的,现在才是报恩的最佳机会。就这样,汤姆靠50美元的投资,获得了丰厚的回报。

张总在任时,逢年过节,家里就来客不断,门庭若市。对此,张总感到满足,因为这说明自己还是受大家爱戴的领导。

张总退休后,家里却一下子安静了很多,即使是春节这样隆重的节日,来看望他的人也很少,可谓门可罗雀。说实话,张总在乎的不是那些人送来的礼物,而是大家的心意。

张总正在感叹"人走茶凉"的时候,以前的下属小李却跟往年一样,带着礼物和妻儿来给他拜年。小李的来访令张总感动不已——总有些人比较有人情味。

两年后,公司聘张总为顾问,张总手中多少又有了些权力,以前那些人又登门而来,张总却只接待了小李。

汤姆善待陌生人,最后得到了丰厚的回报;小李依旧关爱失势的人,最后也得到别人的关照。

所以,请不要忽视陌生人和位卑者,也许今天你在一块贫瘠的土地上插上一根柳枝,明年就能收获一片阴凉。生命中的任何人都可能是你的贵人。世事变化无常,多为别人提供无私的服务和帮助,总能获得回报的。即使不是为了得到物质上的回报,做人也应该与人为善,起码可以得到心灵上的满足和精神上的宽慰,古人教导我们"勿以善小而不为"和今天所提倡的助人为乐,讲的就是这个道理。

4.同行不妒,万事功成

都说"同行是冤家"。面对同一领域的竞争对手,很多人常常会怒目而视,相互排挤,非要争个你死我活才肯罢休。其实,在同行业之间,竞争能够催人奋进,合作也有利于在互惠互利的基础上达成共赢,为大家创造一个良好的经营空间和利润空间。

聚沙成塔,集腋成裘。

积极心理学认为:一个人的力量总是有限的,如果能够与同行业的竞争对手精诚合作,则会弥补各自的不足,借"对手"之力,达到双赢的局面。

一代奇商胡雪岩就非常注重同行间的合作,他说:"同行不妒,什么事都办得成。"

胡雪岩看到在太平天国兴起的形势下,各地纷纷招兵扩军、开办团练以守土自保,尤其是江浙一带,直接受到太平天国的威胁,特别是自上海失守后,人心惶惶,防务亟待加强,更是大办团练、扩充军队。有了兵就要有兵器,因而各地急需大批洋枪洋炮。胡雪岩正是看准了这一点,才决定充分利用自己在官场的关系,大做军火生意。

说实话,胡雪岩对买卖洋枪的门道几乎一无所知,但不知道不怕,胡雪岩会"变",他对古应春拱拱手说:"你比我内行多了。索性你来弄个'说帖',岂不爽快。"一句话,就把担子压到了古应春的肩上。

古应春的确有本事,提笔构思,转眼就把"说帖"写好,而且笔下生花,行文流畅、漂亮。胡雪岩尽管自己不能动笔,但他却特别会看,而且目光锐利。他一眼就发现"说帖"好是好,就是写得太正统了,把洋枪、洋炮的好处,原原本本谈得

121

很细,读起来很吃力。于是,为了让"说帖"能够打动官府的决策人,胡雪岩建议古应春采取"变通"的方法,说英国人运到上海的洋枪数量有限,卖给了官军,就没有货再卖给太平军,所以这方面多买一支,那方面就少得一支,出入之间,要以双倍计算。换句话说,官军花一支枪的钱,等于买了两支枪。

然而,在决定买枪之后,古应春接下来"除了洋枪,还有大炮,要不要劝浙江买"的问话,却让向来果断的胡雪岩有点儿犹豫和踌躇,并且最后放弃了买火炮的打算。原来,浙江有个叫龚振麟的,曾经做过嘉兴县的县丞,道光末年就在浙江主持"炮局",浙江炮局主要就是制造火炮的。胡雪岩认为,如果他买进西洋炮,由于西洋炮威力大,质量好,必然要顶掉浙江炮局制造的土炮,也势必侵害炮局的利益,引起炮局的妒忌。他们为维护自己的利益,肯定会利用自己多年建立起来的影响,大肆挑剔买洋枪洋炮的弊端,反对浙江购买洋炮洋枪。如此一来,不仅洋炮买不成,恐怕就连洋枪也买不成了。

基于这种对人情世故的考虑,胡雪岩决定舍洋炮而买洋枪,不仅有效避免了对炮局利益的触及,而且又选择了一条与众不同的经营项目,另辟市场,不至于引起同行的反对。虽是同行,却能够做到和平共处,这是胡雪岩为了生意的成功而寻求的外部环境。他取枪舍炮的做法,看似缩小了自己的市场,实际上却是为了开辟另一市场而作出的必要让步,在这一新市场上,他不会遭到同行的妒忌和反对,也没有竞争,从而营造出良好的经营空间,赢得了更大的利润。

由古至今,善于联合对手的商人,总能打开别人难以打开的局面。

在新加坡,有个地方叫"好客天国"。这个地方,白天是免费停车场,停满了各种各样的车子。晚上,则是小摊王国,摆满了各式各样的小吃摊,天南海北的风味小吃应有尽有。在这里,顾客随便坐在一家摊位上,吃了这家的食品,如果还想吃其他风味的,摊主马上会派人取来奉上,结账时只要向这家结就可以了。顾客感到非常方便,摊主之间也从未发生利益上的纠纷。这样,彼此合作,相互依靠,既保证了自己的好处,又照顾了别人的利益。

第六章　朋友之乐
——所交皆君子，同道方为朋

于是，有人积攒了钱就从这里起飞了。陈宗达就是其中一个。他开始在这里摆大排档，赚了钱就跟一起摆摊的朋友合作开食堂。又赚了钱，跟更多的摆摊朋友合作，开了食品公司。他自己的财富，也迅速膨胀，上下班有豪车专门接送。

相反，如果一个人只知经营自己的事业，把同行对手全都当作真正的敌人来对待，那么他的利益必然不会长久。

香港漫画家黄玉郎，曾经红极一时，但是他对竞争者残酷无情，对身边助手和旗下员工也不友好，以致在他炒股失手时，竞争对手和周围的人，或高价收购他的股权，或控告他账目作假，或控告他抄袭他人作品，或控告他妨碍他人著作出版，于是，不但公司姓了别姓，别墅和轿车等被政府没收，人还被送进监狱。世界同行都说，这是他过分注重自身利益，不顾他人的结果。

所以说，同行之间不仅要竞争，更要合作。依靠对手的力量，将眼光放远，舍小利而逐大利，才能取得最大的利润。

对生意人来说，防止与人争斗，是赚钱经商的优良习惯。在商业中，我们必须重视人与人之间健康、友善的关系，处理好人际关系是事业成功和发财致富的一种能力。把人际关系搞得融洽和睦，在和和气气的氛围中赚钱。"和"为原则，"善"为宗旨，避免同行间引起矛盾冲突，从而为自己带来无穷的财富。

5.与其锦上添花,不如雪中送炭

一般说来,对别人的帮助要恰到好处,更要落到实处。我们常常用两肋插刀来形容朋友之间很深的情谊,当朋友有难时,我们能够不顾一切地去帮助他,这才是真正的帮助。可见,帮助别人也是有技巧的。就好比路边一位找不到方向的盲人,他只是需要你伸出关爱之手帮他弄清楚方向或带他走一段路,而不是要你告诉他在哪儿可以坐公交车。所谓"千里送鹅毛,礼轻情意重",说的就是这个道理。通常,人们最重视雪中送炭,而非锦上添花。

积极心理学家说:人的一生不可能总是一帆风顺,难免会碰到失利受挫或面临困境的情况,这时候最需要的就是别人的帮助,这种雪中送炭般的帮助会让人记忆一生。

每个人活在这个世上,都不可能不有求于人,也不可能没有助人之时。当你打算帮助别人的时候,请记住一条规则:救人一定要救急。其中的道理很简单:如果他人有求于你,这说明他正等待着有人来相助,如果你已经应允了,那就必须及时相助。如果他人没有应急之事,也不会向你求助,因为一般人都不愿求人。一旦你答应帮助他人,他心存感激之余当然会把希望完全寄托在你的身上,如果你最后帮得不及时或者没有去帮,反而会遭到怨恨。

在三国争霸之前,周瑜并不得意。他曾在军阀袁术部下为官,被袁术任命做过小小的居巢长,一个小县的县令罢了。

这时候地方上发生了饥荒,年成既坏,兵乱间又损失很多,粮食问题就日渐严峻起来。居巢的百姓没有粮食吃,就吃树皮、草根,很多人被活活饿死,军队也饿得失去了战斗力。周瑜作为地方的父母官,看到这些悲惨情形急得心慌意乱,却不知如何是好。

有人给他献计，说附近有个乐善好施的财主叫鲁肃，他家素来富裕，想必一定囤积了不少粮食，不如去向他借。

于是周瑜带上人马登门拜访鲁肃，寒暄完毕，周瑜就开门见山地说："不瞒老兄，小弟此次造访，是想借点粮食。"

鲁肃一看周瑜丰神俊朗，显而易见是个才子，日后必成大器，顿时产生了爱才之心，他根本不在乎周瑜现在只是个小小的居巢长，哈哈大笑说："此乃区区小事，我答应就是。"

鲁肃亲自带着周瑜去查看粮仓，这时鲁家存有两仓粮食，各三千斛，鲁肃痛快地说："也别提什么借不借的，我把其中一仓送与你好了。"周瑜及其手下一听他如此慷慨大方，都愣住了，要知道，在如此饥荒之年，粮食就是生命啊！周瑜被鲁肃的言行深深感动了，两人当下就交上了朋友。

后来周瑜发达了，真的像鲁肃想的那样当上了将军，他牢记鲁肃的恩德，将他推荐给了孙权，鲁肃终于得到了一展所长的机会。

鲁肃在周瑜最需要粮食的时候送给了他一仓，这就是所谓的雪中送炭。

在生活中，锦上添花，不如雪中送炭。当他人口干舌燥之时，你奉上一杯清水便胜过九天甘露。如果大雨过后，天气放晴，再送他人雨伞，这已没有丝毫意义了；如果人家喝醉了，再给人敬酒，这未免太过于虚情假意了。我们在帮助别人时一定要注意这些。

"患难之交才是真朋友"，这话大家都不陌生。

晋代有一个人叫荀巨伯，有一次去探望朋友，正逢朋友卧病在床，这时恰好敌军攻破城池，烧杀掳掠，百姓纷纷携老挈幼，四散逃难。朋友劝荀巨伯："我病得很重，走不动，活不了几天了，你自己赶快逃命去吧！"

荀巨伯却不肯走，他说："你把我看成什么人了，我远道赶来，就是为了来看你，现在，敌军进城，你又病着，我怎么能扔下你不管呢？"说着便转身给朋友熬药去了。

朋友百般苦求，叫他快走，荀巨伯却端药倒水安慰说："你就安心养病吧，不要管我，天塌下来我替你顶着！"这时"砰"的一声，门被踢开了，几个凶神恶煞般的士兵冲进来，冲着他喝道："你是什么人，胆子竟然这么大，全城人都跑光了，你为什么不跑？"

荀巨伯指着躺在床上的朋友说："我的朋友病得很重，我不能丢下他独自逃命。"并正气凛然地说，"请你们别惊吓了我的朋友，有事找我好了。即使要我替朋友而死，我也绝不皱眉头！"

敌军一听愣了，听着荀巨伯的慷慨言语，看看荀巨伯的无畏态度，很是感动，说："想不到这里的人如此高尚，我们怎么好意思侵害他们呢？走吧！"就这样，敌军撤走了。

患难时体现出的友谊能产生如此巨大的威力，说来不能不令人惊叹。

小于在某企业担任打字工作，一天中午，一位董事走进办公室，向办公室里的女士们问道："上午拜托你们打的那个文件在哪里？"可是当时正值吃午饭时间，谁也不知道那个文件放在哪里，因此谁也没有理睬他，这时，小于对他说："这个文件的事我虽然不知道，但是，谭先生，这件事交给我去办吧，我会尽早送到您的办公室的。"当小于把打好的文件送给董事时，董事非常高兴。

几周之后，小于高兴地向她的同事宣布：她升迁了。显然，小于的热心和办事利落获得了董事的赞赏，董事在董事会上将她大力推荐了一番。

有时候不用很费力地帮别人一把，别人也会牢记在心，这就是"投之木瓜，报以琼琚"。

我们总会在现实生活中遇到一些困难，遇到一些自己解决不了的事情，这时候，如果我们能得到别人的帮助，我们将会永远地铭记在心，感激不尽，甚至终生不忘。濒临饿死时送一只萝卜和富贵时送一座金山，就其内心感受来说是完全不一样的,我们要做的,不是在别人富有时送他一座金山,而是在他落难时,送他一杯水,一碗面,一盆火。雪中送炭,才能显示出人性的伟大,才能显示友谊的深厚。

6.把握分寸,智慧交友

大部分人交朋友都"弹性不足",因为他们交朋友有太多原则:看不顺眼的不交、话不投机的不交、有过不愉快的不交。

这种交朋友的态度也没有什么不好,但在交友之中,实在有必要更有弹性一点;你看不顺眼,或话不投机的人并不一定是"小人",甚至还有可能是对你有所帮助的"君子",你若拒绝他们,未免太可惜了。与其事后后悔,那不如在交朋友之前,先主动把等级划分出来。

这么说很多人会觉得很势利。按中国传统心态来看,社交不应该有目标,应该"以情会友,别无所求",奉行一种无为哲学。谁要是在交往中注重交往对象的使用所值,然后想方设法接近他、利用他,就会被认为"太势利"。

但是,如果有这么一个人,他既不能与你信息共享、情感沟通,也不能与你相求相助,你会与他交朋友吗?恐怕不会。

小王是一位青年演员,他英俊潇洒,很有天赋,演技也很好,刚刚在"小银幕"上崭露头角。为了进一步增加自己的知名度,他非常需要一个公共关系公司为他在各种报刊上刊登照片及有关文章,但是他没有钱,也没有机会。

后来,经朋友介绍,他认识了莎莎,她曾经在纽约一家很大的公共关系公司工作过好多年,不仅熟知业务,而且也有较好的人缘。几个月前,她自己开办了一家公关公司,并希望最终能够打入有利可图的公共娱乐领域。但是让她烦恼的是,到目前为止,一些比较出名的演员、歌手、夜总会的表演者都不愿与她合作,她的生意主要还只是靠一些小买卖和零售商店。

小王与莎莎一拍即合,立即联手。小王成了莎莎新公司的代言人,而她则为他提供增加曝光所需要的经费。这样小王不仅不必为自己的知名度花钱,而且随着名声的扩大,也使自己在业务活动中处于一种更有利的地位。同时莎莎也借助小王的名气变得出名了,很快就有一些有名望的人找上门来。二人各取所需,合作达到了最高境界,他们的关系也因此变得更加牢固。

生活中,我们经常听到一些人抱怨朋友不讲交情,不够"哥们儿"。其实,引起抱怨的主要原因就是自己的某种需求没有得到满足,而这种需要何尝不是功利性的呢?人们常常说的那种没有功利性色彩的友谊,几乎是不存在的。在校园里建立起来的友谊之所以被认为是没有功利性的,也是因为沾染物质上的利益少,但是其感情的因素却是很重的。

积极心理学认为:我们不必一味追求所谓的"没有任何功利色彩的友情",也不必抱怨那种"划分等级交朋友"的人势利。

著名魔术大师哲斯顿,曾被公认为"魔术师中的魔术师"。前后40年,他曾到世界各地一再创造幻象,迷惑观众,使大家惊得喘不过气来。哲斯顿最后一次在百老汇上台的时候,《创富学》作者希尔曾经在大师的化妆室里待了整整一个晚上,向他不停地请教问题。

希尔希望了解哲斯顿先生成功的秘诀。哲斯顿告诉希尔,关于魔术手法的书已经有好几百本,而且有几十个人跟他懂得一样多,但他有一样东西,其他人却没有。那就是,哲斯顿不仅对魔术怀有深厚的热情,而且对他的观众非常真诚。他告诉希尔,有些魔术师会这样看待台下的观众:"坐在底下的那些人是一群傻子,一群笨蛋,我可以把他们骗得团团转。"但哲斯顿却与他们并不一样。他每次一走上台,就对自己说:"我很感激,因为这些人来看我表演,他们使我能够过一种很美好的生活。我要把他们当作朋友,并把我最高明的手法,表演给他们看看。"

哲斯顿每一次在走上台时,总是一再地对自己说:"我爱我的观众,他们是我的朋友。"很多观众甚至因此真的成为哲斯顿的朋友。

你能说哲斯顿虚伪吗?不能。那么,你会相信所有的观众都是哲斯顿的朋友吗?也不会。你只能说哲斯顿将朋友分了等级。

把朋友分等级听来似乎太无情,对感情丰富的人更是比较难,因为这种人往往在对方尚未把你当朋友时,他早已投入感情;而且把朋友分等级,他也会觉得有罪恶感。

可是,你觉得你交朋友都是诚心的,不会利用朋友,也不会欺骗朋友,但别人来和你做朋友却不一定是诚心的。在我们的朋友中,人格清高的朋友固然很多,但想从我们身上获取一点利益,心存坏意的朋友也不少。

从这一点出发,朋友可分为"刎颈之交级""推心置腹级""可商大事级""酒肉朋友级""点头哈哈级""保持距离级",等等。

如果根据这些等级来决定和对方来往的密度和自己心窗打开的程度。就可以在生活中和职场上最大限度地保护自己。

要把朋友分等级其实不容易,因为人都有主观的好恶,因此有时会把一片赤心的人当成一肚子坏水的人,也会把凶狠的狼看成友善的狗,甚至在旁人点醒时还不能发现自己的错误,非得到被朋友害了才如梦初醒。所以,要十分客观地将朋友分等级是十分难的,但面对复杂的人性,你非得勉强自己把朋友分等级不可。心理上有分等级的准备,交朋友就会比较冷静客观,可把伤害程度减到最低。

事实上,每个人都有自己的朋友,他们可以是生活中的发小,也可以是一天跟你待在一起超过8小时的同事。你可以和前者骂你那个长得像猪头做事像周扒皮的老板,却不能和后者说,同样,你可以让后者帮你完成一份工作报告,却不能让前者帮这个忙。

所以从这个角度上说,同事、客户,甚至包括上司在内,只要能互相帮助,在相互交往中能使你学到许多东西,都可以算是你的朋友。你在心里划分清楚,区别对待,你会发现你手里的这张友情牌比你想象的还有价值。

做人本来就是很辛苦的,但要做一个好人就是要有这样的功夫,并且不会让他们感觉你在"应付"他们。要做到这样,唯有敞开心胸,别无他法。因此,在交朋友的过程中,要牢记以下几个弹性的原则:

(1)不是敌人就是朋友。

有些人觉得"不是朋友就是敌人",这样做会使敌人一直增加,朋友一直减少,最后使自己变得孤立;应该改为"不是敌人就是朋友",这样朋友就会越来越多,敌人就会越来越少。

俗话说,人无千日好,花无百日红。没有永远的敌人,也没有永远的朋友;敌人会变成朋友,朋友也会变成敌人,这是社会上的现实。当朋友因某种缘故而成为你的敌人时,也不必太忧伤感叹,因为有一天他有可能再成为你的朋友,有这样的认知,就能以平常心来交朋友。

(2)放下你的身架。

千万不要以为你是老板或是博士,就不去理会一个工友,这种身架会使你交不到朋友。事实上,企业中的每一位员工都有着各自的专长,当团队中的某个成员在工作中出现问题或者需要帮助时,我们应在做好本职工作的同时,尽量对他们施以援手。尽管我们的职责不同,擅长的事物也不尽相同,但只要有爱心,一点一滴的关怀和帮助也会激励他人努力完成工作。这样与同事一起工作时,气氛就会融洽得多,我们也会从中得到更多的快乐。搬开别人脚下的绊脚石,有时恰恰是为自己铺路——帮助同事即是帮助自己,不过这种"弹性"不容易练就,必须慢慢来实践。

(3)别感情用事。

现今社会是市场经济社会。如果你正处于只能维持最低的生活水平的基础上或者正处于事业发展的紧要关头,你只能"有事"才"有人",这时候把友谊放在头等重要的位置上,是解决不了生计问题,不利于事业发展的。

马江毕业后进入一家电子公司工作,一次公司派同事小李去一家公司安装电脑程序,这种程序是ERP企业管理软件,马江实际上对其具体操作还不是太熟练,因为小李中途有事,耽误了一天,客户打来电话后,马江也没有征求在家中休假的小李的意见,便抱着替他帮忙的态度去了那家公司。结果,因为他对这程序操作生疏,安装过程中出现了失误,害小李又多忙活了两天,并且差一点惹怒了客户,给公司带来损失。

所以,在工作中当我们想要帮助同事的时候,一定要征求对方的意愿,并遵照对方的意见帮忙,千万不要贸然行动。

另外,我们也切忌在私底下过多帮助自己的同事,因为私底下帮助同事,往往可能会脱离工作范围。

我们私底下帮忙的事情,只能偶尔为之,而且要让对方清楚你是卖他一个人情,不能养大他的胃口,该拒绝时,还要明白地说"不",当对方知道你帮忙的分寸和底线后,自然不会再三试探。

第七章

理想之乐

——无梦则无望，无望则无成

积极心理学认为：人和其他生命的最大不同之处，就在于人懂得利用自己的力量去改变所处的环境，而不是一味地屈服和等待外来的帮助。

在人生道路上，无论是我们追逐梦想、建立事业，还是经营感情，都要明白救命的稻草掌握在自己手里。不要一味环顾左右，不要一味等待伯乐出现，而应埋头沿着自己的跑道一步一步扎扎实实地前进，才能建立起自己坚不可摧的人生堡垒。

1.你的梦想有多大,未来就有多宽广

积极心理学家说,世界上最快乐的事,莫过于为理想而奋斗。

作为学者和商人的冯仑极为看重理想的价值。在多年的商业生涯中,冯仑多次谈到"理想",并强调,坚持"理想"是一切成功者共同具备的素质,商人也不例外。在大多数人看来,商人都是功利主义者,似乎与"理想"二字风马牛不相及,但实际上,冯仑通过自己的体验和观察发现,所有成功的商人都是有理想的,甚至可能是理想主义者。他的这个观点是有根据的。比如,同为房地产商的王石,曾明确表达过对于"成功要素"的理解:"第一个是要有理想主义,至于做什么是其次的;第二个要有现实主义;第三个要脚踏实地。"在王石看来,理想是一种尚未实现的愿望,它可以使人处于一种状态,这种状态似乎不太现实,但你又不得不想着它。

冯仑对于理想的理解是,一个人如果没有了理想,就会丧失前进的动力;理想是一种力量,可以转化为乐观主义的精神和无限的毅力。

冯仑这样写道:"许多成功的人都是乐观主义者。乐观来自哪儿?主要是有一个信念,看到未来理想实现时候的光芒。登山途中,一旦看到山顶的时候,脚下的每一步艰辛你都认为是值的。理想可以转化为一个人乐观主义的精神和无限的毅力。"

据说,冯仑的钱包里一直装着阿拉法特的照片。冯仑为什么会对阿拉法特如此崇敬呢?因为阿拉法特就是一位为理想奋斗不已的人,一生都在追求和平,阿拉法特曾说:"我带着橄榄枝和自由战士的枪来到这里,请不要让橄榄枝从我手中落下。"阿拉法特折腾了几十年,天天睡觉都要换地方,但他并没有因此而退缩,这是因为理想给他带来了无限的毅力。虽然,国际各界对于阿拉法特的政治道路褒贬不一,但是,他对于理想的坚持,毫无疑问是令所有人敬佩的。

在冯仑看来,人的一生有两个时期很重要,15～20岁确定自己的理想,决定你想做个什么样的人,内心的英雄目标是什么。20～25岁扎堆交友,开始进入社会,你跟什么人在一起最后会决定你的一生。在这两个时间段,第一阶段毫无疑问更为根本,对于人生的大方向起到了基础的作用。理想的确定,就像是确定人生海洋中的航标,不管中间经历多少跌宕起伏、千回万绕,都会向着这个航标前进。

冯仑曾以柳传志为例,说明理想的重要性。柳传志的理想,是把联想做成中国最好的企业,所以,当他和他的合作者处得不愉快时,他果断地选择了牺牲,把最好的房子和汽车都给了合作者,而他自己为得到管理人的权力,宁可什么都不要。也许会有很多人认为柳传志这样做不值得,但是源自他内心深处的理想,也就是一定要把联想做成中国最好企业的志向,让他毫不犹豫地这样做。这样的理想,使柳传志成为一个伟大的人。

海阔凭鱼跃,天高任鸟飞。许许多多的人都将自己不能成功的原因归结于没有一个好的平台,因为环境不佳,所以跳不高、飞不远。认为不是自己不愿付出努力,而是因为始终都得不到一个飞翔的机会,才慢慢地变成了无法飞行的鸟。

雏鸡看着天上展翅翱翔的雄鹰,心里很不开心。同样都是有翅膀的动物,自己的翅膀却什么忙都帮不上,跑得急了扑哒扑哒翅膀也只能帮自己保持平衡。同样是有翅膀的动物,为什么雄鹰就能够看尽天空的美景,而自己只能看向地面呢?

不理解的雏鸡去找母鸡,问道:"为什么我们都有翅膀,但只有鹰会飞,我们不会呢?"

"那是因为鹰的翅膀大呀!"母鸡笑着说。

"那麻雀呢？它的翅膀比我们的翅膀小多了，可是它会飞，我却不会。"

"虽然相比之下麻雀的翅膀比我们要小，但对于麻雀而言，它的翅膀展开比身体还要大，如果按照比例来看的话，我们的翅膀太小了。"

雏鸡若有所思。

翅膀是鸟类飞翔的倚仗，翅膀的大小决定了它们的飞行能力。麻雀虽然会飞，但永远飞不到雄鹰的高度。

对于我们而言，梦想就像是翅膀一样，你的梦想有多大，你的未来就有多宽广。你若是只想做一个吃穿不愁的人，那么你的梦想无异于雏鸡的翅膀，因为你所要的不过是衣食无忧。但若是你有更高的追求，渴望看尽天下风景，那么你便会向着雄鹰的方向去努力。不管最终是否能够成为天空的霸主，但你至少看到了雏鸡不曾看过的人生美景。

2.远处的风景是梦想，近处的风景是理想

人生如登山一般，必须抓牢身边的那块石头，借此再一步一步往上爬。这样，我们就可以在遇到行不通的路程时退回来，抓牢着力点，重新寻找更合适的位置，再继续前进。

积极心理学认为：梦想有远有近，只有离我们最近的那个梦想才是最现实的。

我们可以向往远处的山峰，但也要确保那是可以到达的地方，在那之前，我们更应该着眼于最近的目标。远处的风景是梦想，近处的风景是理想，相比于那

些虚无缥缈的东西，可以抓住的眼前的一切才是我们应该把握的事。这不仅是一种简单有效的选择，更能让我们的付出体现出效率的价值。

从前，有一个坐落在山脚下的小村落遭遇了一场罕见的洪水袭击，损失惨重：房屋几乎被冲为平地，许多人的生命也被无情的洪水夺去了。其中，有一个幸福的三口之家也是这场灾难的受害者：在洪水中，丈夫第一时间把手伸向了自己的妻子，而他们8岁的儿子却被洪魔无情地带走了。

起初，村里人对这个不幸的家庭都表示深切的同情，纷纷前来安慰这对年轻的夫妇。但事情渐渐发生了变化：有些人开始对那个男人的选择产生了疑问。在突如其来的洪水面前，丈夫选择首先去挽救妻子的生命，而放弃了他们的儿子。"即使两人感情再好，难道孩子在灾难来临的时候就应该成为被舍弃的对象吗？"围绕这一话题展开的争论，一时间充斥在山村里的每一个角落。

一个报社的记者路过此地，听说了这个故事后，顿时觉得这是一个很好的话题：如果只能救活一个人，究竟是该救妻子还是救孩子？爱人和孩子哪一个更重要？于是，他深入村中找到了那个男人。

"眼看着洪水冲过来的时候，我根本来不及有任何过多的想法，妻子就在我身边，我们都不想失去对方，于是我就抓住她拼命地往山坡上游。而当我返回去的时候，儿子就已经不见了。"男人哽咽着说。

这时记者明白了，不是父亲不想救儿子，也并非丈夫眼里只有妻子，而是在当时的情况下，他只有能力去抓住妻子。记者最后安慰男人说："请不要过于悲伤，毕竟你从洪水中还救回了你的妻子。"

有时选择不会给我们太多的时间，这种时候我们要依靠本能，选择一定能够成功的选项，这样才有可能体现效率的价值。这个男人的选择是正确的，至少，救活一个比失去两个要好。面对洪水，他不存在选择，他是一个深爱着妻子的丈夫，同时也是视儿子为至宝的父亲，二者同样重要。只是，在还没来得及让他有时间考虑的时候，他已经本能地伸出手去紧紧抓住离自己最近的妻子。这是最为现实和明智的,同时也是最为有效的。如果他放弃妻子去救孩子,可能最后失去的就是两个人。

奢望不切实际的目标,对我们而言是没有任何意义的。只有把握好最近的目标,付出才能体现出它相应的价值。

这个世界上,有太多"燕雀安知鸿鹄之志"的壮志难酬之人,他们未达成理想的原因就在于忽略了自己眼皮底下可以先做到的事情,放弃了手边最易实施的简单之行。从达成离我们最近的目标开始,实际上就是一个把烦琐的事情简单化的过程。也只有这样,我们才有可能顺着人生陡峭的崖壁攀上高峰。

如果一味地好高骛远,盲目地将眼光盯在虚幻的目标上,却忽视眼前的工作,只会让人疲于应付,最终一事无成。做自己力所能及的事情,就是简单而有效的选择。若是失去了一切,我们确实可以从头再来,但我们的生命是有限的,有时你未必有大把的时间去重新起跑。

人生理应有远大的理想,但理想永远不能脱离现实,要着眼实际去选择。成功是一步步积累出来的,你若是只知不切实际地幻想,不知道为此付出努力,那么最终你仍将一无所有。选择眼前能够帮你接近目标的事情努力,最终你会发现,自己的理想会像阳光一样照进现实。

巨商大多是从最底层的工作开始做起的,他们有的做过卖报童,有的做过小商贩,还有的做过电焊工。但是他们的一个共性是,不管做什么,都能耐心地将手中的工作做好,在平凡的岗位中取得出色的成绩。

目标有远近,工作有繁简。我们可以梦想着成为比尔·盖茨,但不可能一夜之间就拥有比尔·盖茨的成功。我们的终极目标可能是李嘉诚,但我们的起点也许只是一个勤杂工。选择没有那么困难,你只需抓住离你最近的那个现实目标,丢掉那些不切实际的理想,从简单开始,便能一步一步接近梦想的彼岸。

3.把握命运的方向,赢得生命的重量

如果高低贵贱都由天注定,世人拼搏的意义何在?只靠幸运女神的眷顾,又有多少人会停滞不前?漫步人生路,你会发现命运并非无处可觅,它就藏在你的手中。

昔日穿着同样校服的同窗,20年后再聚,有人完成了儿时的梦想,事业有成,有人则还在原地踏步,勉强打工糊口。面对这样的差距,常有人自我安慰地感叹一句:"没办法,谁让我没遇到伯乐呢。"

积极心理学家认为:人生的方向盘掌握在自己手中,要对自己的人生负责,作出足够的努力,我们无法指望别人出手相助。

拿破仑在一次去郊外打猎的途中,突然听见不远处的河里有人喊救命,便快步走到河边。只见一个男子在水中拼命扑腾,呼喊挣扎。

拿破仑看了看,这河并不宽。他不但没有跳下河去救人的意思,反而端起猎枪,对准落水者,大声喊道:"你若再不自己游上来,我就把你打死在水里!"说着,竟真朝水中离那落水者几米远的距离开了两枪。

那人见拿破仑要用枪杀死自己,吓得脸色惨白,一时什么都不顾,奋力自救,终于游到了岸边。

身边的随从脸色不禁有些难看,小声嘟囔着:"这也太残忍了!连一点爱心都没有。"

此时,拿破仑收起了厉色的威严,转而心平气和地对随从说:"我之所以拿枪逼迫让他自己游上岸来,是想告诉他,自己的生命本就应该自己负责。"

自己的生命就应该自己负责。我们每个人都有可能掉入人生的"枯井"之中，所遭遇的种种困难和挫折就是外界加诸身上的"泥沙"。与其凄惨地嚎叫，抱怨命运的不公或是渴望他人的怜悯和帮助，不如换个角度来看，把它们当作是一块块垫脚石。只要坚持不懈地将它们抖落掉，然后站上去，那么即使是掉落到最深的井里，我们也依然能走出困厄之境。

从更广义的范围上来说，自救也是"物竞天择，适者生存"的自然要求。如果适应不了大环境，最终只能像几亿年前的恐龙那样被淘汰。也就是说，自救是一个不断改变、进化的过程：在审时度势的基础上，最大限度地与周围的事物、人或自然去磨合，扼住"求生点"，从而转换局势。从适应环境到利用环境，自救的门道也就算是炉火纯青了。

我们总说，每个人遇到各种苦难或厄运的概率是相同的，不同的是各自对待困境的态度。坚韧不拔的信念和希望让人们创造出奇迹，他们深知身处逆境，第一时间能拯救自己的救世主只有也必须是自己。

我们的人生，不掌握在我们之外的其他任何人手中。当你觉得梦想遥不可及而原地踏步、一心希望有伯乐相助的时候，你不知道，别人已经在一步步攀爬通往成功的高峰。也许有人相助，你那段攀登的长路可以走得更快、更轻松，可是你不知道，你等待别人帮忙的时间，是否已足够让你用自己的努力登上成功的顶峰，摘下甜美的果实；你更不会知道，你荒废时间的等待最终是否能换来伯乐的青睐。

既然如此，何不从一开始就不要去期待会有别人来帮你度过自己的人生，从一开始就用自己的双腿毫不犹豫地向人生的顶峰攀登？别人的帮助也许可以帮你较快地逃离暂时的不幸，可是人生的漫漫长路却只有依靠内心的坚定和力量才能从开始走到终点。

救命的稻草不在别人手中，只有那些懂得靠自己去应对困难，靠自己去追求梦想的人，才能在这场名为"人生"的攀登之旅中，以从容和机智收获最终的绝顶风光。

4.叫醒最初梦想,照亮无悔青春

我们总会听到有人抱怨,如果当初怎样,现在就能如何。可是,时间的大门一旦关闭就不可能再开启,人生就是一场单程的旅途,没有回头的路。生活太累,太多遗憾,就是因为给了自己太多束缚,不敢打破规则,追求最初的梦想。

积极心理学认为:人应该学会把自己的感觉叫醒,放开心胸,放下种种担心和顾虑,勇敢地向着梦想前进。

无论别人如何看,你都可以过得很快乐,因为这才是你真正需要的,才是真正属于你的人生,属于你的幸福。

趁着自己还没有麻木,赶紧去看看自己最初的梦想吧,若你不去闯,那么它就是你一辈子的梦想,若是去做了,那么梦想自会照进现实。人生太短暂,时间不等人,有些事情现在不做,就再也没有机会做了。问问自己的心,去爱自己真正爱的人,去做自己想做的事,走向最期待的未来。

小时候,她不喜欢跳舞,可在父母的严厉要求下,她还是硬着头皮学了。这一跳,就是十五年。

高考时,她想报考旅游英语,在家人的强烈反对下,她还是听了母亲的话,上了一所护士学校。后来,在市区的一家医院做了一名护士。

工作后,她交了一个军官男友,父亲却不同意。抵抗不过父亲的百般阻挠,她最终还是妥协了,在亲戚的介绍下,和一个医生结婚了。

结婚后,她和丈夫本来有自己的一套房子,可公婆非要他们搬过去一起住。她知道婆婆是个挑剔的人,本不想每天住在一起,怕生出什么矛盾,自己不开心,也惹得婆婆生气,可经不住老公的劝说,她还是强颜欢笑地和公婆住到了一起。

在别人眼里，她是幸福的。多才多艺，样貌出众，嫁了一个家境好的老公，还有公婆帮忙料理家务……这样的生活，多少女人求之不得。可是，她内心的苦楚又有谁知道？

30岁生日的那个深夜，她想到自己过去的这些年里，似乎每一次重要的决定，都是别人替自己拿的主意。这人生，仿佛不是她自己的。那个做义工行走世界的梦想，那个曾在雨中为她撑伞的恋人，一切的一切，都成了无法触摸的梦……她背对着丈夫，流下了一行行眼泪。在咸咸的泪水中，她突然做了一个重要的决定：换一种活法，做自己想做的事，去自己想去的地方。

巴尔加斯·略萨曾说："我敢肯定的是，作家从内心深处感到写作是他经历过的最美好的事情，因为对作家来说，写作是最好的生活方式。"因为喜欢，所以快乐，沉醉其中乐此不疲，金钱和名誉，都是可有可无的附加值。若是束缚太多，无法做自己想做的事，久而久之一定会身心疲惫、无所适从。这个时候，应该学会让自己换一种活法，保持淡定，不为他人的言语和决定而改变自己的意愿，人生自会惬意无比。

世界上有很多事都是互相矛盾的，而有时我们会陷入这种两难的抉择当中。这个时候，选择的结果很难以对错来评价，人生若是一条路，选择就是岔路口，无论你怎样选，最终的终点都一样，当然，你的一个选择会改变你的人生。

两个少年在厕所中相遇，其中一个男孩找另外一个戴帽子的男孩借了点手纸。出了厕所之后，两个人边走边聊。

戴帽子的男孩说："我最近很郁闷，家里人一直逼着我学钢琴，可我怎么也弹不好。"

借手纸的男孩说："钢琴，一点都不难！我五岁就开始作曲了，可烦恼的是家里人总逼着我写诗，天啊，我怎么写得出来？"

戴帽子的男孩一听，笑着从包里拿出了一沓稿纸，说："这个给你吧！拿回去交差。我最喜欢写诗。"

人，一定要做自己喜欢、自己想做的事，如此才能够快乐。或许，在此过程中会遭到周围的人或环境的阻碍，但我们不该就此放弃自己的意愿，有些事一拖延，可能就是一辈子。

日本最年轻的临终关怀主治医师大津秀一，在多年行医的经验基础上，在听闻并目睹过不下1000例病患者的临终遗憾后，写下《临终前会后悔的25件事》一书。其中，有很多条都涉及"没有做自己"，比如——没做自己想做的事；被感情左右度过一生；没有去想去的地方旅行；没有表明自己的真实意愿，等等。

说到底，人之所以会做保守的选择，是因为怕失去，但想想看，我们离开这个世界的时候为什么会后悔？因为我们什么也带不走，若是曾经追求了梦想，那最终至少还有回忆，而不是悔恨。人生重在体验，而不是手里有什么。你若是真的爱自己，就该为自己的梦想而拼搏，不留任何遗憾。

5.可以一无所有，不能一无是处

一无所有往往是迫于无奈，终有一天能通过自己的努力和奋斗走出困境。但一无是处却是你的选择，充分反映了你的懒惰与无能。

小小的水滴，力量微弱，可在长年累月的坚持下，它能滴穿坚硬的石头。人可以脆弱，但不能一直脆弱，在困难面前可以恐惧，但不能退缩，要有水滴一样的韧性。一直追随着自己的内心，在时间的跑道上，不抱怨、不放弃，最终会走到心中的目的地，与最好的自己相遇。

　　读过《致加西亚的信》这本书的人，一定会对故事中的主人公罗文记忆犹新。书中讲到，罗文接受了一个任务——给加西亚将军送信，可是谁也不知道加西亚将军在什么地方，谁也不知道如何才能联系上将军、怎样才能到达？面对这样的难题，罗文没有多想，他努力去执行这个看似不可能完成的任务，历尽艰辛地把信送到了目的地。至于罗文在徒步三周、历尽艰险、走过危机四伏的国家，把信送到加西亚手中的过程中是否抱怨过，我们不得而知，书中也没叙述。但我们可以确定一点：如果没有执着和坚持，在困难重重中，罗文肯定是完不成任务的。

　　没有执着，蚂蚁可以不用再忙忙碌碌地觅食，太阳可以不用每日东升西落，沙漠可以不必拥有绿洲，海水可以不用潮汐更替，鲜花可以不用年年争相开放，苍鹰也不用不辞辛苦地练习飞翔……可若如此，这个世界会变成什么样？

　　积极心理学认为：世间最容易的事是坚持，最难的也是坚持。说它容易，是因为只要心中有信念，每个人都可以做到；说它难，是因为能够真正坚持下来，能够给梦想足够时间的人太少。

　　没有什么事能够随随便便成功，没有挫折和努力的终点不是尽头。人可以平凡，却不能平庸，即便你没有什么鸿鹄之志，你也该有着自己的幸福和未来。不懂为自己的明天铺垫、努力的人，最终就只能和未来的美好无缘相遇，有时只需要一些坚持，你便能发现人生的奇迹。

　　有一位了不起的推销大师，一生中取得了无数辉煌成就。年老的时候，他不再致力于推销各种商品，而是四处演说，传授推销技巧。

　　有一次，他接受邀请，进行一场演说。知道推销大师的到来，人们很早就坐进了会场中，毕竟成功经验这种东西没人嫌多。

　　演讲开始，大帷幕拉开了，人们看到舞台的中央摆放着一个架子，架子上吊着一个巨大的铁球。推销大师走上台后，向人们鞠了一躬，台下响起了热烈的掌声。接着，大师邀请了两位强壮的听众，给了他们两个大铁锤，让他们对着铁球敲，直到铁球能够荡起来。

刚开始,这两个听众信心满满,毕竟他们有的是力气。可奇怪的是他们用力地敲过去,铁球纹丝不动,还将他们的手臂震得发麻。不管他们怎样用力,铁球就是不动。最终,两个听众十分受挫地回到了听众席。推销大师没有说什么道理,只是从口袋里掏出了一个小铁锤,然后对着铁球轻轻地敲了一下。停顿过后,他再次用小铁锤击打铁球。就这样,他敲一下,停一下,整个过程持续了整整40分钟!

最开始的10分钟,人们还很淡定;20分钟过去后,一些人看上去有些浮躁;30分钟过去后,整个会场都开始骚动。直到40分钟后,有个坐在前排的人突然说道:"铁球动了!"

这时人们才停止议论,整个会场瞬间安静下来,人们聚精会神地观察铁球。这个球虽然摆动的幅度很小,但是仔细观察就会发现它确实在动。即便这样,大师仍旧没有停下来,他依然敲打着铁球,最终铁球越荡越高,全场爆发出热烈的掌声。

这就是所谓的水滴穿石效应。虽然很多人都认为水滴击不破石头,但没人知道水滴经年累月的坚持力量有多大!任何成功都不是一蹴而就的,所有的成功都是积累而来的,没有人能够一步跨过沧海,但是你在海上哪怕只有一叶扁舟,也能助你到达成功的彼岸,自然,关键在于你是否懂得坚持。

坚持是一种不放弃的毅力,说来简单做来难。正是因为如此,能够品尝到成功滋味的人只是极少数。虽然你通过努力、坚持不一定能够成为伟人,但一定不会成为庸人。你是自己人生的创造者,这种喜悦是别人羡慕不来的。

人生的成功贵在争取,不论生活给了你怎样的磨难,只要你坚持不懈,最终成功一定会对你露出笑脸!

6.不同的选择,不同的人生

什么样的选择,就会决定我们以后的生活是什么样的。应该说,在我们每个人的生活中,都会面临很多选择,决定我们今天生活的,应是我们之前作出的选择;而我们现在的选择将会决定我们以后的生活。一个人的选择不同,就注定会拥有不一样的人生。

积极心理学家认为:选择对于我们未来的生活起着重要的作用,而人生十字路口处的重大选择,更是决定着我们的命运。

其实选择并没有所谓的标准,关键在于,我们是否作出了对的选择,是否能掌握住选择的伟大力量。

从前,有三个人同时被关进了一家监狱,刑期也相同,都是三年,监狱长允许他们可以各自提出一个要求。

第一个人喜欢抽雪茄,所以要了三箱雪茄。

第二个人最懂浪漫,所以请求让自己漂亮的女友来陪伴自己。

第三个人要了一部电话,说自己每天要和外界沟通。

三年时间很快就过去了,第一个冲出来的是那个要了雪茄的人,他的鼻孔里和嘴里都塞着雪茄,冲着人们大喊:"快点给我火,快点给我火!"原来,他当初忘了要火了。

第二个走出来的是那个叫来女友的人,他们一起拉着一个小宝宝,同时,她已经怀上了第二个小宝宝。

最后走出来的是那个选择了电话的人,他激动地握住监狱长的手说:"在这三年时间里,我每天都通过这部电话联系外界,才使我的生意没有停顿下来,并且资产还增至两倍，为表我的谢意，我要送给你一辆劳斯莱斯！"

我们不去辨别这个故事人物的真伪，重要的是，我们要明白其中蕴含的道理：什么样的选择决定我们未来拥有什么样的生活。

虽然我们拥有的不多，但是在漫漫人生路上，命运总会想办法给我们安插各种各样的选择，这看起来很像是通关游戏，因为不同的选择会走上不同的道路，但是我们要明白一点，人生虽然有着游戏的模式，但它终究不是游戏，若是随意挥霍为数不多的机会，那么结果可能足够我们后悔了。因为，在这条单行线上，我们没有任何从头再来的机会。

实际上，让我们作出选择并不是一件容易的事，因为在选择的过程中，我们的能力、胆识、见识等都在接受着不同程度的考验。有的人选择了做生意，有的人选择了卖图书，有的人选择了做时尚媒体，有的人选择了做培训，等等。不管是涉足哪个领域，大家都想让自己扬眉吐气，风风光光。在人生的选择这件事上，对与错没有一个评断标准，区别只在于你更想过哪一种生活。总而言之一句话，只要我们作出的选择符合自己的性格与爱好，那么你所作出的选择就是正确的。

24年前，杰夫·贝佐斯萌生了要创立亚马逊的想法，那个时候，他30岁，结婚也刚刚有一年时间。

那时的现实情况是，互联网使用量以每年2300%的速度增长，杰夫·贝佐斯对此也是从来没有看到过、听说过。所以，一想到自己要创建涵盖几百万种书籍的网上书店，他就十分兴奋。

于是，杰夫·贝佐斯就将自己打算辞掉工作的想法告诉了妻子，并且告诉她自己有一天可能会真的面临失败，但妻子很支持丈夫去追随自己内心的那股热情，便鼓励他说："你应该放手一搏。"

那时，杰夫·贝佐斯在美国纽约一家金融公司工作，同事们也十分聪明，公司领导处世也很智慧。在辞职后，杰夫·贝佐斯就将自己想在网上卖书的想法告诉了老板,他的老板随后带他去公司附近散步,谈了很久很久,并劝他再好好思考一下。

最终,杰夫·贝佐斯还是决定自己拼一次,并且表示,一旦自己失败了,也绝不会感到遗憾。就这样,他选择了一条在那时人们看来并不安全的道路去走。

如今,杰夫·贝佐斯已成为了亚马逊的创始人兼CEO,每逢想起当初的那个决定,他都为此感到骄傲和自豪。

是啊,如果选择了宁静,就意味着要过孤单的生活;如果选择了高山,就意味着要面临无数坎坷;如果选择了要成功,就意味着会经历很多磨难;如果选择了机遇,就意味着会承担许多的风险。不得不说,一个人的选择,直接决定着他将拥有什么样的生活。

在大海浪潮翻起的时候,我们是选择退缩,还是去勇敢搏击风浪?在现实严峻情况之下,我们是选择放弃,还是勇往直前?在自己成为愤世嫉俗者之前,我们是选择展现自己的小聪明,还是选择一份善良?因为不同的选择,直接决定着我们是否能够战胜自我,是否能超越自我,是否能大获成功。

无论家庭还是事业,都串联着很多种的选择。我们都希望自己幸福,都希望自己成功,但是成功需要付出艰辛的劳动,需要辛勤地去经营,并且还要看我们能否作出正确的选择。而选择是否正确,就在于我们是否满意自己的生活。更重要的一点,就是不管我们作出了怎样的选择,都不要后悔,要尊重自己的选择,按照自己选择的路走下去,你才能拥有自己的精彩人生。

7.若要实现梦想，多少得有点"野心"

初听起来，"野心"一词不好听，但是你要知道，世上成大事者都是因为自己有一颗"想当将军"的野心而最后如愿以偿的。争取好成绩的动机并非与生俱来，而是教育、熏陶所形成的。

巴拉昂曾是一位媒体大亨，以推销装饰肖像画起家，从贫穷到富人的蜕变，只用了短短的10年时间，10年之后，他就跻身于法国50大富翁之列，不过他因前列腺癌于1998年在法国博比尼医院去世。临终前，他留下遗嘱，把4.6亿法郎的股份捐献给博比尼医院，用于前列腺癌的研究；另有100万法郎作为奖金，奖给揭开贫穷之谜的人。

其遗嘱刊出之后，媒体收到大量的信件，有的骂巴拉昂疯了，有的说是媒体为提升发行量在炒作，但是多数人还是寄来了自己的答案。

在这些答案中，很多人认为，穷人最缺少的是金钱，这个答案占了绝大多数，有了钱就不再是穷人了，这似乎是不需要动脑筋就能想出来的答案。也有一部分人认为，穷人最缺少的是帮助和关爱，人人都喜欢关注富人明星，对穷人总是冷嘲热讽不重视。另一部分人认为，穷人最缺少的是技能。现在能迅速致富的都是有一技之长的人，一些人之所以成了穷人，就是因为学无所长。还有的人认为，穷人最缺少的是机会。一些人之所以穷，就是因为时机不对，股票疯涨前没有买进，股票暴跌后没有抛出，总之，穷人都穷在没有好运气上。另外还有一些其他的答案，比如，穷人最缺少的是漂亮，是皮尔·卡丹外套，是总统的职位，是沙托鲁城生产的铜夜壶，等等。总之，答案五花八门，应有尽有。

那么正确答案是什么呢？在巴拉昂逝世周年纪念日，他生前的律师和代理人按巴拉昂生前的交代,在公证人员的监督下打开了那只保险箱,在48561封来信中,有一位叫蒂勒的小姑娘猜对了巴拉昂的秘诀。蒂勒和巴拉昂都认为穷人最缺少的是野心,即成为富人的野心。在颁奖之日,媒体带着所有人的好奇,问年仅9岁的蒂勒,为什么能想到是野心。蒂勒说:"每次,我姐姐把她11岁的男朋友带回家时,总是警告我说不要有野心!不要有野心!我想,也许野心可以让人得到自己想得到的东西。"

巴拉昂的谜底和蒂勒的回答见报后,引起不小的震动,这种震动甚至超出法国,影响到了英国和美国。一些好莱坞的新贵和其他行业的几位年轻富翁在就此话题接受电台的采访时,都毫不掩饰地承认:野心是永恒的特效药,是所有奇迹的萌发点;某些人之所以贫穷,大多是因为他们有一种无可救药的弱点,即缺乏野心,没有激情。

因此,一个人若想获得成功,首先要检讨对自己的要求是否"合乎实际",如果不合实际,必须立刻改进。

第八章

行动之乐

——业精于勤荒于嬉,行成于思毁于随

行动的力量是巨大的,有时候它可以把人们一贯认为的"不可能"变成可能。积极心理学认为:行动是成功的必经之路。假如你连行动的前提都没有,那就谈不上成功。不管是什么样的道路,都要有一个开始,行动就是赋予成功的那个开始。

1.有计划理所应当,能执行才算可贵

你不要认为那些取得辉煌成就的人,有什么过人之处,如果说他们与常人有什么不同之处,那就是当机会来到他们身边的时候,立即付诸行动,决不迟疑,这就是他们的成功秘诀。

积极心理学家说:人生中总是有好多的机会到来,但总是稍纵即逝。我们当时不把它抓住,以后也就永远地失掉了。

有计划而不去执行,使之烟消云散,这将对我们的品格力量产生不良的影响。有计划而努力执行,这就能增强我们的品格力量。有计划没有什么了不起,能执行定下的计划才算可贵。

许多成功的人之所以取得成功,就是因为他们敢想敢做。

比尔·盖茨正是这样的一个人。我们来看看最初的他是怎样来寻找赚钱的机会的:他在承接信息科学公司的项目成功后,信心大振,又与保罗·艾伦琢磨起了新的赚钱路子。不久,他们成立了一家自己的公司,名为交通数据公司。

他们为什么要办这样一家公司呢? 当时,几乎所有市政部门都在使用同一种装置来测量交通流量,这种装置是由一个金属盒子连接一条横跨路面的橡胶管组成的。金属盒中有一盘16轨纸质磁带,当有车从橡胶管上经过时,这台机器就会在磁带上打上0或1这两个二进制代码。这些数字反映出车辆经过的时间和流量。市政部门雇用私人公司将这些原始资料译成信息,以供有关工程师们分析研究,例如,以此来决定何时该亮红灯或绿灯。

原先为市政公司提供服务的私人公司效率低而且要价高,这为盖茨和艾伦提供了竞争取胜的机会。他们用电脑来分析这些磁带数据,然后把结果卖给市政部门，他们比对手既快又便宜。盖茨雇用湖滨中学几个七八年级的学生，把磁带上的数据誊写到电脑卡上，然后盖茨把它输入到电脑里。接下来，他用自己设计的程序将这些数据转换成易读的交通流量表。

当交通数据公司开始正常运转后，艾伦决定制造自己的电脑，以便直接分析磁带数据，这样就可免去手工劳动了。他们聘请了一位波音公司的工程师来协助设计硬件。盖茨拿出360美元，购买了一个英特尔公司的新型8008微处理器芯片。他们将一台16轨纸质磁带阅读器连接到这台电脑上，然后把交通流量记录磁带直接输进去。

与后来的微机相比，这台"土制"电脑是非常原始的，只是勉强能用而已，还不能保证它不出故障。有一次，盖茨洋洋得意地在餐厅向一位市政官员演示他的交通数据电脑时，机器突然卡了壳。盖茨鼓捣了半天，机器就是不听使唤。那位官员因此失去了兴趣。盖茨觉得很没面子，便向他母亲求援："告诉他，妈妈！告诉他，它确实能工作！"

盖茨和艾伦利用交通数据公司赚了大约两万美元。但是市政公司并非天天需要进行交通流量分析。因此，这是一种越做越小的生意，公司不会有多大发展前途。当盖茨为交通数据公司招揽生意时，他又萌发了一些新的赚钱计划。不久，盖茨又与肯特·埃文斯合作成立了一个"逻辑仿真公司"。

逻辑仿真公司的业务范围包括设计课程表、进行交通流量分析、出版烹饪全书等。盖茨此时的生意经验毕竟还是很稚嫩的，只能说处于摸索阶段。他的公司业务范围如此广，看起来赚钱的机会更多，其实不然，因为这样没有明确的业务范围，自然也没有固定的客户，赚钱必然有限。

1972年5月，在他们三年级结束前夕，湖滨中学校方授权他们设计全校400多名学生的课程表程序。校方希望这套电脑软件可以从秋季72—73学年开始启用。湖滨中学原本是让那位受雇于本校教授数学并帮艾伦设计过电脑的前波音公司工程师从事这项工作，但不幸的是，此人死于一场坠机事故。于是，这个任务就落到了盖茨和埃文斯肩上。

然而接受任务不到一周，肯特·埃文斯在一次登山事故中不幸遇难。悲痛的

153

盖茨请艾伦来帮助他完成这项工作,他们约定在当年夏天,艾伦放暑假回来后,共同来完成这项任务。

夏天刚开始,盖茨去了华盛顿特区,当了一名众议院服务员。这份工作是他父母通过国会议员布罗克·亚当斯找到的。盖茨很快就显露出他的经商才能。他以每枚5美元的价格买进5000枚麦戈文-伊格尔顿纪念章。当麦戈文把伊格尔顿挤出总统候选人名单时,盖茨就以每枚25美元的价格出售了这些日渐稀少的像章,从中赢利十万美元。

当国会夏季休会时,盖茨回到西雅图,与艾伦一起进行设计课程表的工作。他们利用上次同信息科学公司的交易中得到的免费电脑来进行这项程序设计,同时湖滨中学也为设计课程表的电脑支付了费用。任务完成后,他们获得了2000美元的酬金。与信息科学公司的那笔交易相比,这只能算是为母校作贡献。当然,这也是盖茨和艾伦愿意做的。后来,他俩发财后,为湖滨中学捐了220万美元。他们还将捐款所建的演讲厅命名为"埃文斯"厅,以纪念那位过早夭折的战友。当然,这已是后话。

课程表软件设计取得成功后,盖茨又继续寻找其他机会赚钱。他给周围的学校发函,表示愿意为它们设计课程表程序,并愿意提供九五折优惠。

他在联络信中说:"我们应用了一种由'湖滨'设计的独特的课程管理电脑系统。我很荣幸地向贵校推荐这一产品。服务上乘,价格优惠——每个学生收费22.50美元。望有机会进一步与贵方商洽此事。"

可惜,他的业务联系并未取得效果,因为不是每个学校都需要这种服务。

后来,比尔·盖茨终于揽到一笔生意——为华盛顿大学实验学院设计一套学籍管理软件。他这笔生意是跟华盛顿大学学生管理协会洽谈的,正好他的姐姐克里斯蒂娜是该协会成员之一。当学校的报社了解到她的弟弟是该项设计的承接人后,便指责管理协会以权谋私。结果,盖茨只从这项设计中赚得很少的钱,大约只有500美元。

盖茨虽然聪明,但以他当时的电脑水平,肯定不会有多了不起,而他赚钱心切的态度,确实很了不起。他毕竟只是个十几岁的中学生,却到处找门路赚钱,发财的欲望如此强烈,焉能不发财?

很多事就是这样,当你有达到某一目的的强烈愿望,并以这种愿望作为行动的内驱力时,就极有可能达到目的。

这是因为,不管是聪明也好,愚蠢也好,都不可能要风得风,要雨得雨;也不可能处处倒霉,步步不顺。如果达成目的的愿望不够强烈,一遇到不顺利,就可能退缩不前,又怎能步入后面的顺境?而具有坚定信念的人,眼光盯着自己的目标,不以一时一事动摇自己的决心。这样,将逆境闯过去,在顺利时求发展,自然能一步一步地走向成功。

积极心理学的案例也告诉我们,敢想敢做敢于尝试,才能取得成功。与其不尝试而失败,不如尝试了再失败,不战而败是一种极端怯懦的行为。如果想成为一个成功者,就必须具备坚强的毅力,以及勇气和胆略。当然,敢冒风险并非铤而走险,敢冒风险的勇气和胆略是建立在对客观现实的科学分析基础之上的。顺应客观规律,加上主观努力,力争从风险中获得利益,这是成功者必备的心理素质。

2.勇敢尝试,无惧失败

生活中伟大的成功者在机遇降临时,总愿放大胆子一试身手。积极心理学认为:某些时候我们必须采取重大的和勇敢的行动,大胆去尝试,敢于冒险,唯有如此,才有成功的机会。

不论何时,只要尝试做事的新办法,人们就得把自己推向冒险之途。假如你想致力于改良事物的现况,就不得不欣然去冒险。用罗斯福总统夫人伊莲娜的话说就是：我们必须去做自以为办不到的事。

成功者最大的特点就是，具有想用新的点子做实验及冒险的意愿。进取的人和普通人最明显的差别就在于：进取的人在态度上勇于冒险，且具新观念，能鼓舞他人去从事一无所知的事物，而非尽玩些安全的游戏。他们之所以敢于冒险，是因为有冒险力的驱动。如果做事怕冒险的话就没办法把事情做好了。而要冒险，一定要有足够的勇气及资本，所谓的资本是指冒险力。光凭着第六感觉或运气是没办法安然渡过大大小小的难关的。如果一切都在计划之内、意料之中，也就算不上什么冒险了。冒险力就是在无法确定的复杂情势下，发挥它的神奇魔力的。

说到冒险精神，人们很容易联想到发现美洲新大陆的哥伦布。

哥伦布还在求学的时候，偶然读到一本毕达哥拉斯的著作，接受了"地球是圆形的"这种概念，他将其牢记在脑子里。经过很长时间的思索和研究后，他大胆地提出，如果地球真是圆的，他便可以经过极短的路程而到达印度了。自然，许多自以为有常识的大学教授和哲学家们都嘲笑他的意见。他们觉得，他想向西方行驶而到达东方的印度，这不是傻人说梦话吗？他们告诉他，地球不是圆的，而是平的，然后又警告道，他要是一直向西航行，他的船将驶到地球的边缘而掉下去……这不等于走上自杀之路吗？

然而，哥伦布对这个问题很有自信，只可惜他家境贫寒，没有钱让他去实现这个理想。他想从别人那儿得到一点钱，助他成功，但一连空等了17年，等来的还是失望，所以，他决定不再向这个"理想"努力了。因为使他忧虑和失望的事情太多了，他的红头发竟完全变白了——虽然当时他刚四十出头。

哥伦布先后向葡萄牙、英国、法国等国的国王请求资助，但因为各种原因，哥伦布都失败了。当他一开始转向西班牙女王伊莎贝拉一世求助时，女王和她的丈夫也拒绝了，但他毫不气馁，不断向女王解释自己的计划。最终，女王赞赏他的理想，并答应赐给他船只，让他去从事这种冒险的工作。为难的是，水手们都怕死，没人愿意跟随他去冒险。于是哥伦布鼓起勇气跑到海滨，捉住了几位水

第八章　行动之乐

手,先向他们哀求,接着是劝告,最后用恫吓手段逼迫他们去。另一方面他又请求女王释放了狱中的死囚,并许诺他们如果冒险成功,就可以免罪恢复自由。

1492年8月,哥伦布率领3艘船,开始了一次划时代的航行。刚航行几天,就有两艘船破了,接着他们又在几百平方千米的海藻中陷入了进退两难的险境。他亲率水手拨开海藻,才得以继续航行。在浩瀚无垠的大西洋中航行了六七十天,也不见大陆的踪影,水手们都失望了,他们要求返航,否则就要把哥伦布杀死。哥伦布兼用鼓励和高压两种手段,总算说服了船员。

天无绝人之路,在继续前进中,哥伦布忽然看见有一群飞鸟向西南方向飞去,他立即命令船队改变航向,紧跟这群飞鸟。因为他知道海鸟总是飞向有食物和适于它们生活的地方,所以他预料到附近可能有陆地。果然,他们很快发现了美洲新大陆(当时到达的是今天的巴哈马群岛)。

当他们返回欧洲报喜的时候,又遇上了四天四夜的大风暴,船只面临沉没的危险。在这十分危急的时刻,他想到的是如何使世界知道他的新发现,于是,他将航行中所见到的一切写在羊皮纸上,用腊布密封后放在桶内,准备在船毁人亡后,使自己的发现能够留在人间。

哥伦布他们总算很幸运,终于脱离了危险,胜利返航了。无须赘言,哥伦布如果没有不怕困难、不怕牺牲、勇往直前的进取精神,"新大陆"能这么早被发现吗?

哥伦布那种无畏、勇敢和百折不回的精神,真值得我们学习。当水手们畏惧退缩的时候,只有他还要勇往直前;当水手们"恼羞成怒"警告他再不折回,便要叛变杀了他时,他的答复还是那一句话:"前进啊!前进啊!前进啊!"

看看哥伦布,再看看我们自己,我们没有任何理由不去修正自己的人生轨道,以便建立起敢于打破传统框架、勇于冒险的坚定信念。然而,可悲的是,固守传统观念的中国人,崇尚"稳中求胜",认为"凡人世险奇之事,绝不可为。或为之而幸获其利,特偶然耳,不可视为常然也。可以为常者,必其平淡无奇,如耕田读书之类是也"。可是,随着时代的发展,这种思想已明显落伍。常人的机遇,常人的成功,往往存在于危险之中。你想要美好的机遇吗?你想要事业的成功吗?那就要敢冒风险,投身于危险的境地,去探索、去创造,不要瞻前顾后,不要惧怕失败。

3.为一个具体而明确的目标全力以赴

古罗马原是意大利的一个小城邦,公元前3世纪罗马统一了整个亚平宁半岛。公元前1世纪,罗马城成为地跨欧亚非三洲的罗马帝国的政治、经济和文化中心,罗马帝国为了加强其统治,修建了以罗马为中心,通向四面八方的大道。据史料记载,罗马人共筑硬面公路8万千米,这些大道促进了帝国内部和对外的贸易和文化交流。公元8世纪起,罗马成为西欧天主教的中心,各地教徒前往朝圣者络绎不绝。据说,当时从意大利半岛乃至欧洲的任何一条大道开始旅行,只要不停地走,最终都能抵达罗马。在英语中有一句著名的谚语叫:条条大路通罗马。

事实上无论从哪条路走,我们都可以走很远;关键是,我们到底要到哪里去。

有句话说得很好,"没有方向,什么风都不是顺风"。一个人没有自己的理想和奋斗目标,那他的人生是低迷的、消沉的,他会觉得他活着没有意义。而如果一个人有了自己的理想和奋斗目标,他会整天精力旺盛地为自己的理想和目标去奋斗,他会觉得活着真好。

积极心理学认为:人生是漫长的,要知道自己身处何处,就需要我们树立奋斗目标和执着的信念去奋斗、去追寻、去拼搏。

第八章　行动之乐
—— 业精于勤荒于嬉,行成于思毁于随

前美国财务顾问协会的总裁刘易斯·沃克曾接受一位记者有关稳健投资计划的基础的访问。他们聊了一会儿后,记者问道:"到底是什么因素阻碍了你无法成功?"沃克回答:"模糊不清的目标。"记者还是不怎么明白,就请沃克进一步解释,他说:"我在几分钟前就问你'你的目标是什么?'你说希望有一天可以拥有一栋山上的小屋,这就是一个模糊不清的目标,问题就在'有一天'不够明确,因为不够明确,成功的机会也就不大。如果你真的希望在山上买一间小屋,你必须先找出那座山,找出你想要的小屋现值,然后考虑通货膨胀,算出5年后这栋房子值多少钱;接着你必须决定,为了达到这个目标每个月要存多少钱。如果你真的这么做,你可能在不久的将来就会拥有一栋山上的小屋,但如果你只是说说,梦想就可能不会实现。梦想是愉快的,但没有配合实际行动计划的模糊梦想,则只是妄想而已。"

有了目标,内心的力量才会找回方向,无目标的飘荡终归会迷路,而你心中那一座无价的金矿,也因不开心而与平凡的尘土无异。

有了明确的目标,才会为行动指出正确的方向,才会在实现目标的道路上少走弯路。事实上,漫无目标或目标过多,都会阻碍我们前进,最终可能是一事无成。有了明确的目标,会使我们产生积极性,你给自己定下目标后,它就是努力的依据,也是对你的鞭策。随着你不断实现你的目标,你的成就感会日益增加,在努力的过程中,你的思想方式和工作方式也会渐渐改变。

成功者都会为一个具体而明确的目标全力以赴,竭尽所能。

这是生活中的一项真理,只有那些有具体而明确目标的人,才会时时受人尊敬和注目,才会成就伟大的事业。而那些没有明确目标的人,有时连马路也过不了。

有人这样说:我希望我的工作和别人一样,既轻松又能拿到很丰厚的工薪,并且买一栋好房子,还要有一辆好车。这样设置人生目标,仿佛跑到航空公司里说"我要买一张机票"一样可笑,除非你说出你的目的地,否则他们无法卖票给你。

　　许多人埋头苦干，却不知道为什么要这样做，这样做是为了什么。盲目地去做，到头来发现追求成功的阶梯搭错了边，却为时已晚。因此我们务必掌握真正的目标，并拟定追求目标的过程，澄明思虑，凝聚继续向前的力量。

　　用积极心理学的思维来审视自己，你是否有一个明确目标或目的？你必须有一个，因为你难以达到你未曾有过的目标，正像要你从一个从未到过的地方回来一样。除非你有确实、固定、清楚的目标，否则你不会察觉到内在最大的潜能，你永远只是"徘徊的普通人"中的一个，尽管你可以是个"有意义的特殊人物"。一个人的目标不明确，就像一艘没有方向的船，永远漂流不定，只会到达失望、失败和丧气的海滩。

4.经年的蓝图,始于分秒

　　俄国著名作家列夫·托尔斯泰曾给自己确定了一个生活的准则，他强调"人活着要有生活的目标：一辈子的目标，一段时间的目标，一个阶段的目标，一年的目标，一个月的目标，一个星期的目标，一天、一小时、一分钟的目标"。

　　查理·克朗先生曾以一种有意义的方式表示了他的创意。他说："成为伟大的机会并不像急流般的尼亚加拉瀑布那样倾泻而下，而是缓慢的一点一滴。"

　　积极心理学认为：当你有一个大目标时，一下子实现并不是那么容易，所以你要化整为零，将大目标分解为小目标。这样把一个个小目标实现了，那么离大目标也就越来越近了。

　　有了目标，我们还要为实现目标做计划。也就是说，把大目标分解为一个个具体可行的小目标，每天都努力地向目标靠近，哪怕每天靠近一点点。比如一个初中生，他的人生目标是做一位知名的骨科医生，为所有骨科患者服务。现在看来这个目标或许太大，无法实际操作。因此还要进一步分解。他的目标可以这样分解：

高中每学年的目标，初中每学年的目标，每学期的目标，每个月的目标，每天的目标，将大目标变成了每天都可以操作实践的小目标，这样就可以使人坚持不懈地督促自己。当然，不同的目标有不同的分解方法。之所以这样做，是为了保证目标的连续性和可操作性。只有每个小目标实现了，你的大目标才有可能变为现实。千万要记住不要"好高骛远"。另外在制定目标时一定要切合自己的实际情况，否则，所制定的目标无法实现，那就毫无价值了。

在一个大目标面前，或许我们觉得根本无法实现目标，常常会因为目标的遥远和艰辛感到气馁、怯懦，甚至怀疑自己的能力。而在一个小目标面前我们却往往能充满信心地完成，有些急功近利的人，一开始就给自己定下大目标，天长日久，当他发现目标离自己仍很远时，就会因为丧失信心而放弃一如既往的努力，其实，我们可以把每个大目标分成无数个我们可以实现的小目标，当你实现了每个小目标，认认真真做好了每一件事，大目标也就离你不远了。

有这样一则寓言：一只新组装好的小钟被放在两只老钟当中。两只老钟"滴答""滴答"一分一秒地走着，其中一只老钟对小钟说："来吧，你也该工作了，可是我有点担心，你走完3150万次后，恐怕便吃不消了。""天呐，3150万次！"小钟吃惊不已。"要我做这么大的事？我办不到，办不到。"它非常失望地站着。另一只老钟见了说："别听他胡说八道，不用害怕，你只要每秒钟'滴答'摆一下就行了。""天下哪有这样简单的事？"小钟高兴地叫起来，"只要这样做，那就容易多了，好，我现在就开始。"小钟很轻松地每秒钟"滴答"摆一下，不知不觉中，一年过去了，它摆了3150万次。

在人生的道路上，每一个人最初之时都有远大的目标，可是，最终实现的人又有多少？半途而废丧失信心的人又有多少？

把大的目标分解,经常检查自己实现目标的状况,经常体验实现目标的快乐,用这样的方法,即使是遥远的马拉松,也可以跑得很轻松。

南非女作家纳丁·戈迪默,15岁就发表了自己的第一部小说,轰动文坛。后来,她又相继写出了10部长篇小说和200篇短篇小说,曾几次被提名为诺贝尔文学奖的候选人,但是都在最后的关头被淘汰了。戈迪默毫不气馁地说:"我要用心浸泡笔端,讴歌黑人的生活。"并在自己新著的扉页上写下了这样的话:"纳丁·戈迪默,诺贝尔文学奖",在后面又打上了一个括号,括号内写着"失败"。她不懈地努力着,终于在1991年获得了诺贝尔文学奖。

清楚表述未来之梦及人生目标之后(这会帮助你把握方向),你就可以着手制定长期和短期的目标了。目标不单可以用业绩表示,也可以用时间表示。目标可以涉及人生的各个领域,视你想取得什么成就而定。积土成山,积沙成塔,积水成渊,积小胜为大胜,积小目标为大目标。这样一点一滴地去累积成功,才能赢得更大的成功。

5.青春学会选择,选择铸就成功

回首往事,人总是免不了有许多懊悔,发出"如果有来生,我……"的感叹。这个时候,你抱怨的其实并不是命运,而是你当初的选择。假如你当初是另一种选择,也许你还会对现状不满、感觉不尽如人意,但是,至少是另一种人生吧。

积极心理学认为:在人的一生中选择很重要,你是要选择好的生活还是不好的生活,全凭你自己的决定。

人生是一张单程车票,可以回头的机会寥寥无几,在你匆匆的步履中,一些不起眼、不经意的选择就决定了你今天的命运。

在大学里,期中考试后的一天,班里的一个同学因为各门功课都考得一塌糊涂,所以忧心忡忡,在哲学课上无精打采。他的异常引起了哲学教授的注意,教授拿起一张纸扔到地上,请他回答:这张纸有几种命运?

那位同学一时愣住了,好一会儿,他才回答:"扔到地上就变成了一张废纸,这就是它的命运。"教授显然并不满意他的回答。教授又当着大家的面在那张纸上踩了几脚,接着,教授又捡起那张纸,把它撕成两半扔在地上,然后,心平气和地请那位同学再一次回答同样的问题。那位同学也被弄糊涂了,他红着脸回答:"这下纯粹变成了一张废纸。"

教授不动声色地捡起撕成两半的纸,很快,就在上面画了一匹奔腾的骏马,而刚才踩下的脚印恰到好处地变成了骏马蹄下的原野。最后教授举起画问那位同学:"现在,请你回答这张纸的命运是什么?"那位同学的脸色明朗起来,干脆利落地回答:"您给一张废纸赋予希望,使它有了价值。"教授脸上露出一丝笑容。很快,他又掏出打火机,点燃了那张画,一眨眼的工夫,这张纸变成了灰烬。

最后教授说:"大家都看见了吧,起初并不起眼的一张纸片,我们以消极的态度去看待它,就会使它变得一文不值。我们再使纸片遭受更多的厄运,它的价值就会更小。如果我们放弃希望使它彻底毁灭,很显然,它就根本不可能有什么美感和价值了,但如果我们以积极的心态对待它,给它一些希望和力量,纸片就会起死回生。一张纸片是这样,一个人也一样啊。"

一张纸片可以变成废纸扔在地上,被我们踩来踩去,也可以作画写字,更可以折成纸飞机,飞得很高很高,让我们仰望。一张纸片尚且有多种命运,更何况人类呢?命运如同掌纹,弯弯曲曲,然而无论它怎样变化,永远都掌握在自己的手中。

有人说:"我们老得太快,却聪明得太迟。"人生漫长而又短暂,能够决定一个人一生命运的,其实只是那么几步而已,而且也就是在一个人年轻的时候。当我们不会选择的时候面临多种选择,而当我们满腹经纶、有能力选择的时候,其实你已经没有多少可以选择的机会了。

有一个美国人,平常很爱喝酒,毒瘾也很重,脾气也非常暴躁,他因为看不惯一个酒吧的服务生就把人给杀了,然后被判终身监禁。这个美国人有两个儿子,老大跟他的老爸一样,毒瘾也很重,靠抢劫和偷窃为生,最后被判终身监禁。老二就不一样了,家庭非常幸福美满,有漂亮的妻子和三四个孩子,是一家跨国公司分公司的老总。有同一个父亲,两个儿子的人生却截然不同,记者觉得很奇怪,去采访的时候问:"为什么会这样?"他们的回答令人惊讶。因为两个人的回答完全一样:"有这样的爸爸,我还有什么办法?"

因为没有办法,这两个孩子不得不作出人生的选择,一人选择不变,而另一个选择了改变。成功是选择的结果,堕落也是选择的结果。每个人的前途与命运,都把握在自己的手中。升学也罢,就业也好,工作或创业都是如此。一个人只要奋发图强,就有机会取得成功。有人说:"人生就是一连串的抉择,每个人的前途与命运,完全把握在自己手中,只要努力,终会有所成。"

选择生存是每一种生物体所具有的本能,连埋在地里的种子也存有这样的力量。正是这种力量激发它破土而出,推动它向上生长,并向世界展示自己的美丽与芬芳。这种激励也存在于人们的体内,它推动一个人来完善自我,以追求完美的人生。一旦你有幸接受这种伟大推动力的引导和驱使,你的人生就会成长、开花、结果。反之,如果你无视这种力量的存在,或者只是偶尔接受这种力量的引导,就只能使自己变得微不足道,不会取得任何成就。这种内在的推动力从不允许人们停息,它总是激励着一个人为了更加美好的明天而努力。

人的一生中要面临的十字路口有很多,每一条路的尽头都是我们未知的结果,所以,一定要根据自身的价值取向,朝准一个方向,勇敢地迈出自己的第一步,让青春学会选择,让选择打造成功,让成功引领人生。

6.与其好高骛远,不如身体力行

要想成功首先要量力而行。许多人好高骛远,终其一生也一事无成,因为他们的精力都耗损在焦躁的期盼中,对要做的事情并未真正投入必要的精力,只是看上去很忙。

目标远大固然不错,但目标就好像靶子,必须在你的有效射程之内才有意义。如果目标太偏离实际,反而无益于你的进步。

常常可以听到很多人哀叹自己这辈子"心比天高,命比纸薄"。其中原因,也许不是这些人真的"命运不济",而原因恰恰在于,他们的"心比天高"。

一个人志气高远,壮志凌云,自然是好事;但是如果高得虚无缥缈,高得脱离了实际,那恐怕无论怎样奋斗,终其一生也不会实现,那这样的志气就是空想、幻影。当美丽的"泡沫"破灭的时候,就难免要自哀自嗟"命比纸薄"了。

积极心理学认为:如果一个人立志高远,但不充分考虑自己的实际,就会像小蜗牛立志要半天之内爬上泰山之巅一样不切实际。

古籍《於陵子》里讲过这样一个故事:

有一只蜗牛志气很大,要成就一番惊天动地的大业,它的目标刚开始是东上泰山,可算了算,估计得走三千年;它便想南下江汉,可也得走三千年。而当它反观自身,知道自己生命很短暂。于是这只蜗牛悲愤至极,转眼已枯死在蓬蒿之上,徒留下笑柄而已。

做人应该有志气,立大志,确定人生的理想和目标;但在你为自己绘制奋斗蓝图时,一定要切合自身实际。"志当存高远",但并不是说可以完全不顾自身的实际和社会的需求,一味追求高远。一个根本不可能实现的理想,只能是妄想空谈,这样的"志向"不但不能激发起前进的动力,反而会挫伤你的斗志,使人耽于幻想,一辈子一事无成,甚至自暴自弃,像那只蜗牛一样悲愤而死!

《於陵子》中的那只蜗牛的错误不在于只有志向没有行动,而在于不能从自身实际出发,树立一个切实可行的奋斗目标。这只志向远大的蜗牛不是不想行动,而是无论怎样行动,它的理想都根本不可能实现。此时,它应当做的是重新认识自己,修正志向,而不是"悲愤至极"。

世界上大多数人都是平凡人,但大多数平凡人都希望自己这辈子能成为不平凡的人。梦想成功,梦想才华获得赏识、能力获得肯定,拥有名誉、地位、财富。不过,遗憾的是,真正能做到的人,似乎总是少数。因为,他们都经意或不经意地陷进了好高骛远的泥潭里。

好高骛远者往往把自己的理想设计得高不可攀,而根本不知道应该把理想与自己的实际力量联系起来。

就像有些人做事情从来不考虑自己是否力所能及,于是作出了不切实际的决定,不是遭到失败就是弄出荒谬可笑的事情来。对于根本不可能的事,还是不要痴心妄想得好。

积极心理学家说:人生虽有许多种力量,但实力是建设人生的最重要的手段和最基本的力量。在奔赴成功的艰辛路途中,我们绝不能好高骛远,我们需要的只有实力,唯有实力才能对人生的事业与理想起到帮助和推动作用,使人生增值。

被评为湖南省十大杰出青年农民的刘九生,是靠做木梳起家的。刘九生高中快毕业时父亲因不慎失足而摔成了残疾,他为了照顾家庭,放弃了高考回到家里,整日过着"面朝黄土背朝天"的生活。年轻气盛的刘九生不甘心一辈子过这种一潭死水般的生活,他梦想着有朝一日自己能够发家致富,创一番大事业。为此,刘九生曾做过多种生意,但都未能成功。刘九生的父亲有一手做木梳的手艺,劝他做木梳,可刘九生认为一个大男人,做小木梳有什么出息,不愿意学。

第八章　行动之乐
—— 业精于勤荒于嬉，行成于思毁于随

　　有一天，刘九生正坐在墙角叹气，父亲走过来，心平气和地对他说："孩子，是我对不起你，耽误了你考大学。但三百六十行，行行出状元。如果你能把木梳做好，也可以发财啊，你如果愿意学，我明天就教你。"第二天，刘九生就跟父亲学起了做木梳。他专心致志地学，几天就学会了，但每天只能做几把木梳，他们家住的地方比较偏僻，拿到集市上去卖，价格很低，慢慢地刘九生有点灰心了。但有一天，他到城里办事，发现城里一把木梳比家乡集市上要贵几毛钱，于是，他便挨家挨户去收购木梳，做起了木梳的批发生意。他很快就赚了五六万元钱。看到村里人手工做木梳靠的是传统的方法，生产速度慢，有时货源还短缺，他萌生了办一个木梳厂的想法。

　　厂子建起来了，他又四处寻找销路。1993年12月的一天，刘九生突然接到衡阳市一家公司老总打来的电话，说想经销他的一些货，但不知木梳质量好坏。刘九生放下电话，就直奔那家单位，当刘九生走进这家单位时，正好碰上这家公司的员工下班，他的心猛地一沉，老总可能早就下班了！正当他有点灰心丧气时，忽然发现一个夹着公文包的人从公司走了出来，他怀着碰碰运气的心情上前问道："请问经理的办公室在哪里？"没想到那个人就是那位老总。他看到刘九生如此勤勉，十分感动，紧紧握住刘九生的手说："小伙子，你的精神感动了我，我相信你的梳子质量也是最好的。"这一笔生意，给刘九生带来了2万元的利润。

　　刘九生就是这样，踏踏实实地，凭着用心和刻苦，走上了事业成功的道路。现在，刘九生的"天天见"公司一跃成为全国最大的木梳生产企业之一，产品远销东南亚各国，公司总资产已达到千万元。

　　好高骛远者首要的失误在于不切实际，既脱离现实，又脱离自身，总是这也看不惯，那也看不惯。或者以为周围的一切都和自己为难，或者不屑于周围一切，终日牢骚满腹，认为这也不合理，那也有失公允。

　　不能正视自身，没有自知之明，是这类人的突出特征。其实每个人都该掂量自己有多大的本事，有多少能耐，不要因过去某方面的一点点成绩而沾沾自喜，要知道自己有什么不足。

脱离了现实便只能生活在虚幻之中,脱离了自身便只能见到一个无限夸大的变形金刚。没有坚实的基础,只有空中楼阁、海市蜃楼;没有切实可行的方案和措施,只有空空洞洞的胡思乱想,这是造成好高骛远的人生悲剧的前奏。

好高骛远者打心眼里瞧不起每天围绕在身边的那些小事,不屑于做它,这是造就好高骛远者人生悲剧的根本性原因。小事瞧不起不愿做,而大事想做却做不来,或者轮不到他做,最后一事无成。眼看着别人硕果累累,他空有抱怨、空有妒忌,就像《於陵子》中那只可怜的蜗牛。

"三百六十行,行行出状元。"成功之路有千万条,别人的成功之路自己当然也可以走,但这并不意味着每个人都可以走。因为人与人在兴趣、能力等诸多方面千差万别,每个人都有着不同于他人的"自身实际"。有志者确立自己的奋斗目标,一定要切合这个"自身实际"。

7.心动还需行动,失败好过不动

人类进化成为最高级的动物,并且以其独特的方式宣告:我可以独立行走了。正是因为这样,行动力才被更好地执行,以至于发挥到了极点。而人类进化的几千年以来,行动力一直是其适应地球的本能。

在今天这个全球一体化的经济时代里,行动力又有了另外的一种诠释:是人与环境互动的一种结果。所以行动力的执行程度,成了人是否走向成功的标尺。

梅丹理是名校的毕业生,无论是在学业上还是在家庭背景上,他都占据着优势。可是毕业后,他并没有像其他同学那样到大公司或是自己家族的企业里上班,而是选择了一家不太知名的小广告公司。这让很多人无法理解,但梅丹理却对朋友们说道:"是金子总会发光,不管做什么事情,都要对自己有信心,因为没有什么是不可能的,只要你行动了。"

梅丹理对事业是充满信心的,他刚应聘广告销售员这个职业的时候,对于这个职业还一无所知,老板便告诉他:"业务员就是把想象赋予行动,把幻想变成现实的职业。"

于是,梅丹理开始着手工作,他列出一份名单,准备去拜访这些很特别的客户。公司里的其他业务员都认为那些客户是不可能和他们合作的,但梅丹理执意要去试一试。

梅丹理怀着坚定的信心去拜访这些客户。然而,令所有人都想不到的是,两天之内,他和18个"不可能的"客户中的3个谈成了交易。直到第一个月的月底,18个客户中只有一个还没有同意合作。当然,梅丹理是不会轻易放弃最开始定下的计划的,行动会一直持续到成功为止。所以梅丹理决定继续拜访那位顾客,直到成功为止。

一个月以来,梅丹理每天早晨,都到拒绝买他广告的客户那去报到,只要他的商店一开门,梅丹理就进去试图说服那位商人做广告,而每天早晨,这位商人都回答说:"不!"可是每当这位商人说"不"时,梅丹理都假装没听到一样,然后继续前去拜访。到了这个月的最后一天,已经连续对梅丹理说了30天"不"的商人说:"年轻人,你已经浪费了一个月的时间来请求我买你的广告,我现在想知道的是,你为何要坚持这样做?"

梅丹理说:"我并没有浪费时间,这段时间我其实也是在学习,而您就是我的老师,我一直在训练自己在逆境中的坚持精神。"那位商人点点头,接着梅丹理的话说:"我也必须向你承认,这一个月来我也一直在学习,而你就是我的老师。你已经教会了我坚持到底这个道理,对我来说,这比金钱更有价值,为了表示我对你的感激,我决定买你的一个版面的广告,当作我付给你的学费。"

　　梅丹理凭借自己坚韧不拔的精神和实际行动,终于打动了客户,为自己赢得了机会。

　　梅丹理的成功让我们看到了行动的魅力。他用实际行动把"不可能"的事情变成有可能。有人会问,难道这是梅丹理超凡的智慧吗?错了,梅丹理跟我们一样平凡,没有过人的智慧,而梅丹理正是因为敢于付诸行动,才把许多人认为不可能的变成了现实。在这里,如果说梅丹理有什么过人能力的话,那敢于行动就是他的过人之处。换句话说,你也可以,不是吗?

　　不要认为别人都不去做的事情就是不可做的事情。别人都还没有开始行动,我们又何以判定某一件事情不可为呢?所以行动是成功的实验室,能否成功都要去行动过后才能得出结果。这就好比一个科学专利一般,连实验都没有通过,那又怎么能得出该专利是不是实用的、可用的呢?所以,我们与其浸染在幻想的人生里头,还不如付诸行动中。只有一次次实际的行动,才能证明哪条路才是你要走的,也只有这样,成功才会属于你。

　　当你迈出第一步的时候,你的行动就是你的成功宣言。成败与否让行动去定夺吧。

第九章

助 人 为 乐

——广结善缘,百事好办

在生活中,收获固然是一种幸福,但付出又何尝不是一种幸福呢?付出时间能够收获希望,付出劳动能够收获果实;付出真心能够收获真情,付出爱心就能够收获整个世界。

积极心理学告诉我们:没有人富有得可以不要别人的帮助,也没有人穷得不能给他人帮助。关心和帮助身边的每一个人,会让你的心灵得到成长。

1.善心结人缘,助人就是助己

真诚地助人一臂之力,这会在不知不觉中为自己存下一份善果。真心诚意地帮助他人是积极心理学所倡导的。

很多年前的一天,在一个旅馆的大厅里,走进来一对老夫妇。外面雷雨交加,天色也不早了,两个人便走到旅馆大厅的前台,想订一间客房。

前台有一个年轻人在值班。"很抱歉,"他回答道,"我们饭店已经被参加会议的团体包下了。往常碰到这种情况,我们都会把客人介绍到另一家饭店,可是这次很不凑巧,据我所知,另一家饭店也客满了。"

他停了一会儿,接着说:"在这样的晚上,我实在不敢想象你们离开这里,却又投宿无门的处境。如果你们不嫌弃,可以在我的房间里住一晚,虽然不是什么豪华套房,却十分干净。我今晚就待在这里完成手上的工作,反正晚班督察员今晚是不会来了。"

这对老夫妇因为造成柜台服务员的不便,显得十分不好意思,但是他们谦和有礼地接受了服务员的好意。

第二天早上,当老先生下楼来付住宿费时,这位服务员依然在当班,但他婉言拒绝道:"我的房间是免费借给你们住的,我全天待在这里,已经赚取了很多额外的钟点费,那个房间的费用本来就包含在内了。"老先生说:"你这样的员工,是每个旅馆老板梦寐以求的,也许有一天我会为你盖一座旅馆。"年轻的柜台服务员听了笑了笑,并没在意,他明白老夫妇的好心,但他只当它是个笑话。

又过了好几年,那个柜台服务员依然在同样的地方上班。有一天,他收到了老先生的来信,信中清晰地叙述了他对那个暴风雨夜的记忆。老先生邀请柜台

第九章　助人为乐
——广结善缘,百事好办

服务员到纽约去拜访他,并附上了来回的机票。几天之后,他来到了曼哈顿。在坐落于第五大道和三十三街间的豪华建筑前,他见到了老先生。老先生指着眼前的大楼解释道:"这就是我专门为你盖的饭店,我以前曾经提过,记得吗?""您在开玩笑吧!"年轻人不敢相信地说,"都把我搞糊涂了!为什么是我?您到底是什么身份呢?"年轻的服务员显得很慌乱,讷讷地问。老先生很温和地微笑着说:"我的名字叫威廉·华尔道夫·阿斯特。这其中并没有什么别的意思,只因为我认为你是经营这家饭店的最佳人选。"

这家饭店就是著名的华尔道夫-阿斯托里亚饭店的前身,而这个年轻人就是乔治·伯特,他成为这家饭店的第一任经理。

一个人很自然地会以恩惠报答恩惠,以怨仇回敬怨仇。这是无数的事实证明了的。这符合一般的人性,也构成人类社会文化的一部分。在中国,我们说"投之以桃,报之以李",说"滴水之恩,当涌泉相报";也说"君子报仇,十年不晚"和"多行不义必自毙"。从博弈论角度看,这种最自然不过的对他人的反应,就是一种被称为"一报还一报"的最佳策略。

一般来说,一个人总是做对他人有利的事,他便更有可能获得意想不到的好报;一个人总是损害他人,他便更有可能遭受意想不到的灾祸。当人们认识到这一点时,就会主动地约束自己,尽量少做坏事,多做好事。

有这么一个人,他的父亲是一位富有的大庄园主。在他7岁之前,一直过着钟鸣鼎食的生活。20世纪60年代,他所生活的那个岛国,突然掀起一场革命,他失去了一切。家人带着他在美国迈阿密登陆的时候,全家所有的家当,是他父亲口袋里的一沓已被宣布废止流通的纸币。

为了能在无亲无故的异国他乡生存下来,从15岁起,他就跟随父亲打工。每次出门前,父亲就这样告诫他:只要有人答应教你英语,并给你饭吃,你就留在那儿给他干活。他的第一份工作是在海边的一个小饭馆里做服务生。由于他勤快、好学,很快便得到老板的赏识。为了能让他学好英语,老板甚至把他带到家里,让他和他的孩子们一起玩耍。有一天,老板告诉他给饭店供货的食品公司正在招收营销人员,假若他乐意的话,自己可以帮助引荐。于是,他获得第二份工作,在一家食品公司做推销员兼货车司机。父亲在他临去上班时告诉他:"我们祖上有一条遗训,叫'日行一善'。在家乡时,祖辈们之所以成就了那么大的事业,都得益于这四个字。现在你到外面去闯荡了,最好能记得。"

可能就是因为这四个字的原因吧,当他开着货车把燕麦片送到大街小巷的夫妻店时,他总是做一些力所能及的善事,比如帮店主把一封信带到另一个城市;让放学的孩子顺便搭一下他的车。就这样,他乐呵呵地干了四年。在他工作的第五年,他接到总部的一份通知,要他去墨西哥,统管拉丁美洲的营销业务,理由据说是这样的:该职员在过去的四年中,个人的推销量占佛罗里达州总销售量的40%,应予以重用。后来的事就基本上顺理成章了。他打开拉丁美洲的市场后,又被派到加拿大和亚太地区;1999年,他被调回了美国总部,任首席执行官。随后,他被美国猎头公司列入可口可乐、高露洁等世界性大公司首席执行官的候选人。美国总统布什在竞选连任成功后宣布,提名卡罗斯·古铁雷斯出任下一届政府的商务部部长。这正是他的名字。当前卡罗斯·古铁雷斯这个名字已成为"美国梦"的一个代名词。

但是,世人很少知道古铁雷斯成功背后的故事。后来,《华盛顿邮报》的一位记者去采访古铁雷斯,就个人命运让他谈谈看法。古铁雷斯说了这么一句话:"一个人的命运,并不一定只取决于某一次大行动;我认为更多的时候,取决于他在日常生活中的一些小小善举。"

《华盛顿邮报》用"凡真心助人者,最后没有帮不到自己的"作为标题,发表了一篇长篇报道,在这篇报道中,记者议论说,古铁雷斯的成功是因为他发现了改变自己命运的最简单的武器,那就是"日行一善"。

2.助人助心,自立者方能自强

有时一些在我们看来理所当然的善举,可能会伤及一些忌讳"同情"的人的心。是的,在贫富成敏感话题的今天,你要小心做出有"同情"意味的举动。我们生活里,经常会不知不觉地伤害到别人的自尊,比如当小领导的,一叉腰,不小心就伤害了下属的心;公司经理缓缓摇下车窗,就伤害了迎面骑车而来的邻居……自尊是种高贵的玻璃器皿,很脆弱,在我们做事、说话的时候,不要只顾及自己快乐或者奢侈的感受,还要想想,会不会无意间碰伤别人的自尊。

积极心理学家说:我们说的"智慧地助人",是不带给被助者卑微感受的帮助。

有一次,一位纽约的商人,把一枚硬币丢进了一个卖铅笔人的杯子里,便匆忙踏进地铁。过后他想了一下觉得这样做不妥,又跨出地铁,走到卖铅笔人那里,从杯中取走几支铅笔。他抱歉地解释说,他在匆忙中忘记了带走铅笔,希望不要介意。他说:"毕竟,你跟我一样都是商人。你有东西要卖,而且上面也有标价。"然后他赶下一班车走了。

几个月后,在一个隆重的社交场合,一位穿着整齐的推销员走到这个商人身边,并自我介绍说:"你可能已经忘记我了,而我也不知道你的名字,但是我永远忘不了你,你就是那个重新给我自尊的人。我一直是一个销售铅笔的乞丐,直到你跑来找我,并告诉我,我是一个商人。"说来有趣的是,后来正是这位昔日的乞丐,帮助这位商人把积压的商品推销了出去,还挣了不少钱。

助人的方式有很多种,古人说"授人以鱼,不如授人以渔",可是当人们真正做善事的时候,又有几个人真的考虑过被助者的心理?

乔治是英国一家手工作坊的小业主。很不幸,一场经济危机使他陷入困境,产品卖不出去,资金周转不开,物价暴涨,他面临破产的危险。友人纷纷劝他赶快裁员,以减轻经济负担。乔治思考良久,终于作出决定,准备采用友人的建议。

不知怎么,消息传到了老乔治的耳朵里。第二天清晨,老乔治来到办公室,勒令他收回成命。乔治不服,老乔治便当场解除了乔治的职务。中午,老乔治走进工人的餐厅,看见大家一脸憔悴、苍白,碗里是一团土豆泥和几片奶酪,老乔治立刻从街上的小餐馆花三英镑买回两大块牛排,端进餐厅,哽咽着动情地说:"兄弟们,你们受苦了。现在,我已解除了乔治的职务,并且从今以后,每天中午我和你们一起吃饭——当然,价值三英镑的牛排必不可少!"工人们欢呼起来。那时候,三英镑还是个不小的数目。每天的三英镑,所带来的效益却是无法用具体的数据计算的。

工人们因为心存感激,便拼命干活,努力降低成本,竟然使这个手工作坊慢慢渡过了难关,又一步步发展壮大,最终成为英国一家著名的电器公司,拥有的资产超过了千万英镑。

从老乔治朴素的语言和行为里,我们可以看出一些经营之道。从小事做起,从最打动人心的角度入手,可以说,他创造了一个奇迹。假如让人性的丑恶循环下去而不加以扼制,那么所有美好的东西,也将会成为丑恶的殉葬品。社会的飞速发展,的确使得我们的生活充满竞争,但是竞争的基本心态应该是严格要求自己,而不是打倒别人。

如果一个人在自己困难的时候还记得向别人施恩,那他也一定会获得别人发自内心的尊重与报答。

3.真正成功的人,道德与智慧并存

积极心理学认为:一个人智商再高,但如果失去了做人的道德标准,他将失去一切。

人的一生需要源源不断的支持才能成功。如果把人生大成比喻成要爬越一面两人高、光滑无比、没有什么东西可以作为支点的墙面时,若想获得大成就就需要你的亲人、朋友以及其他的支持者,需要下面有人推你、助你,上面有人拉你、提携你,成为支持你的力量。只有这样你才能跨越人生之墙,达到成功之境。

可是我们中的很多人往往是让自己的助力变成了阻力——如果你有很高的德商的话,那身边所有人都会是你的助力;可是当你失去德商的话,你的助力也将成为你的阻力。

据史书记载,商纣王天生神力、异于常人,能够托梁换柱,倒拽九牛,徒手与兽搏斗。此外,他还天赋聪颖,才思敏捷,能言善辩。可见,我们印象中的“暴君”纣王,绝非传统意义上的低智商的“昏君”。

以纣王独有的天赋,本可治理好国家,成就惊天动地的伟业,与祖先商汤、盘庚、武丁等明主一并载入史册,扬名后世。但令人遗憾的是,他的聪明才智未能用到好的地方。

具体表现在他一系列“缺乏德行”的行为中:荒淫无度,宠信奸妃妲己,建造“酒池肉林”;凶残成性,创立炮烙、虿盆等多种残酷刑法;残害忠良,就连自己的叔父比干也要“挖心”而后快……

总之,纣王的所作所为真是泯灭人性,他的罪过罄竹难书,因而在周武王起兵伐商后,早已恨透纣王的平民和奴隶们纷纷阵前倒戈。纣王见大势已去,便自焚身亡,商王朝也随之覆灭。至此,纣王终于在史册上稳坐"首席暴君"的头把交椅。

天时、地利、人和这治天下的三大要素商纣王原来都拥有,但由于自己"德行不够"以致众叛亲离,国破家亡。可悲兮,应然哉!德商是我们的立人之本,是我们成功道路上不可缺少的基石,拥有了较高的德商我们才能拥有自己的人际资源,为成功的人生道路铺上坚实的基础。

欲成功,你需要高的德商;要提高自己的德商,你就要光明磊落、心地纯洁、公正无私、宽厚仁爱。只有这样你才能真正拥有健康、成功和幸福。

我国著名教育家陶行知先生说:"千学万学,要学会做人。"我国古代圣人们也告诉我们:德高才能望重。我国最著名的高等学府清华大学的校训是:自强不息,厚德载物。意思就是说:道德是人生的基础,以后人生发展的每一步,都跟我们是否有高尚的道德有着直接的关系。

隋炀帝杨广就是很典型的例子。

杨广是隋文帝杨坚的第二个儿子,年少好学,善诗文,著有文集55卷。开皇元年(公元581年),年仅13岁杨广被封为晋王,做了并州的总管,拱卫京城。随后,杨广亲率军队统一国家,继位后,组织修建畅通国脉的京杭大运河,亲自开拓、畅通丝绸之路,开创科举,修订法律。

不可否认,杨广真的是才华出众。但有才的杨广总不免恃才傲物、我行我素,成为皇帝后,他过度沉迷于享乐之中,无心治国,走上了荒淫无道、自取灭亡的不归路。

唐太宗说过:"以铜为镜,可以正衣冠;以史为镜,可以知兴亡;以人为镜,可以明得失。"所以,有才无德之人既让人感到可怕,又让人觉得可惜。这种德商非常低的人虽然不多,可一旦他们掌握了权力便会贻害无穷。

其实,一个人是否能成才成功,智力因素往往仅占20%,而另外起作用的

80%是人格因素。良好的品德是人格的重要组成部分。如果忽略了品德培养和健康人格的构建，就容易造就一些智商很高、成就很小的人，甚至有的智力优秀的人成了"歪才""邪才"。真正大成的人，是道德与智慧并存的。

4.人生那么长,适当吃亏是必修课

人生的每一次付出，就像在空谷当中的喊话，你没有必要期望谁能听到，但那绵长悠远的回音，就是生活对你的最好回报。

积极心理学家认为：在人生的历程中，吃亏和受益是一种互为存在、互为结果的东西。

广场的长椅上坐着两位年轻的母亲，正幸福地在谈论着各自的孩子，一个说："我那宝贝特聪明，在哪儿都不吃亏，我一旦买回他不喜欢吃的零食，他总要带到幼儿园去，与其他的小朋友交换些他喜欢吃的零食，吃不完就藏在书包里，回家后还向我们炫耀。"

另一个说："我家那宝宝也是，以前在幼儿园常被小朋友欺负，每天都哭着回家，但他吃过亏之后，每天都在他爸爸身上操练，现在在幼儿园，可只有他欺负别人的份儿。"

有一个老太太在她们旁边的垃圾桶里"掏宝"。听到她俩的谈话后插话说："我那俩儿子小时候跟你们的小孩儿很相像。"两位妈妈一脸的莫名其妙，但听到老太太在讲儿子的话题，便饶有兴致地问："那现在你的儿子怎么样了，为何你落到要靠捡垃圾为生？"

老太太叹道："就是因为他们俩太聪明，小儿子不愿吃亏，打了人后坐牢去了。大儿子也不愿吃亏，他家里有钱，可就是一个子儿也不给我。"

"吃什么都成，就是不能吃亏。"在如今这个开始正视利益的时代，"我绝不能吃一点亏"成了许多人坚信的理念。于情于理，于公于私，追求个人利益的最大化都无可厚非。但是，绞尽脑汁地多占便宜、避免吃亏，就能找到幸福走向成功吗？恐怕不一定。

公孙修是鲁国的宰相，天生喜欢吃鱼。鲁国人知道了都争先恐后送鱼给他，可是他一概拒收。他弟弟就问："哥哥，你不是喜欢吃鱼吗？为什么不接受呢？"公孙修回答："正因为我很喜欢吃鱼才不能接受。一旦收了某一个人的鱼，那就会感到亏欠于他，就很可能会因此枉法，一旦枉法便会失去宰相的职位，到了那种地步，就算我再喜欢吃鱼也没有人会送了，就连我自己也无力购买！只要我不接受礼物也就不会违法，更不会被免职，爱吃鱼时，随时都可以去买。"

这话，公孙修讲得很实在，他是说，与其仰赖他人给予的好处，不如通过自己的努力去争取。受人恩惠同时也要受人约束，既然如此，还不如抛弃眼前这一点点小利、吃这一点点"亏"而求长久的安逸。

一个古代的宰相，能有此种认识，是极其明智并富有远见卓识的。这其中看似有些拙愚，却也着实透着几分人生真正的洒脱，正所谓"吃人嘴短，拿人手软"。

能吃亏是做人的一种境界，会吃亏是处世的一种睿智。

在清末民初时期，北京城有个有名的绸缎店，突然一场大火把店里所有的东西都烧掉了，其中包括来往的账目。为此，店老板贴出一张告示说，因本店的账目已烧毁，凡欠我的钱可以不还，我欠别人的只要有凭据照样兑现。这样处理，绸缎店明显是吃了大亏，然而这个绸缎店却因这事而名声大振，许多人都慕名前来做生意，其中还包括一些外国人。很快这个绸缎店又恢复了生机，生意比失火前还要好。

老子说，祸兮福之所倚，福兮祸之所伏。就是说事物的发展能产生两个极端的转化，世上的任何事情都是有失有得。这个绸缎店失火后的举措如同做了一个活广告，在经济上暂时吃了亏，但却赢得了人们的信任，结果能东山再起。

真正有智慧的人，不在乎表面性吃亏，而是看重实质性的"福利"！

刘项楚汉之争的初期，刘邦兵疲马弱，屡战屡败，与项羽的正面交锋无一不吃亏，却总能在一次次吃亏后重整旗鼓，笼络民心，只图一击制敌。而楚霸王占尽上风，却被一次次小便宜冲昏了头脑，愈发骄狂，破城必屠，逐渐众叛亲离。果然，垓下一败，这位常胜将军便无力回天，只得自刎了事。得天下的，竟是那个处处吃亏的刘邦。

吃亏是一种投资，刘邦就深谙这个道理。一时的失败算得了什么？那些只不过是为最后的胜利做的铺垫罢了。

俗话说，放长线钓大鱼。志向远大的人，断不会为蝇头小利争破头皮，也不会因为吃了些小亏而耿耿于怀。人与人相处，如果一个人从来不吃亏，只知道占便宜，到最后，他很可能成为一个吃大亏的人。

选择吃亏，虽然意味着"舍弃"与"牺牲"，但那毕竟只是一时的，并且也不失为一种胸怀，一种品质，一种风度。况且，"吃亏是福"，"亏"是我们走向未来成功的助力剂。

一个人不能事事只想着受益，有些事情当时即使真的受益了，最终导致的结果仍有可能是吃亏；我们更不能时时怕吃亏，有些事情当时可能是吃亏了，但事后仍有可能会出现一个受益的结果。无论哪一个人，无论哪一件事，没有永远的受益，也没有永远的吃亏。只要我们留心一下历史和身边的人就不难发现，那些取得了巨大成就的人，无一不是胸怀宽广、能吃亏的人。敢于和勇于吃亏的人,才会赢得更多,才会有一份平和、快乐的心境,以后的路会更顺畅。相反,再看看我们身边那些一生无所作为、无所建树的人,有哪一个不是心胸狭窄、斤斤计较、不肯吃亏之辈?

吃亏者,能让人们觉得他有度量而加以敬重。这样,吃亏者的人际关系自然就比别人好。当他遇到困难时,别人也乐于向他伸出援救之手;当他干事业时,别人也肯对他给予支持,给予帮助,他的事业自然就容易获得成功。

毋庸置疑,能吃亏者,大都是心胸宽广者。而这些人呢,也比别人更能为国建功立业。为什么?因为"吃亏"就是一种投资!

5.不是因诚实出彩,就是因谎言出局

如果你是个诚信的人,同事和上司就会了解你、相信你。不论在什么情况下,他们都知道你不会掩饰、不会推托,也不会为自己的行为辩解;他们了解你说的是实话。

那些取得巨大成功的人士都有许多共同的特点,其中之一就是诚实。

美国知名的房地产经营家乔治以诚实守信著称,大家都亲切地称他是"房地产大王"。乔治常对人述说他早期的一则故事。

当时他在伊利诺伊州开始担任房地产业务人员。有一栋房子由他经手出售,屋主曾经告诉他:"这栋房子整个骨架都很好,只是屋顶太老,早就该翻修了。"

乔治第一天带去看房子的顾客是一对年轻夫妇。他们说准备买房子的钱有限,很怕超支,所以想找一幢不需大修的房子。看了之后,他们就喜欢上了它,特别是它的位置，想要马上搬进去住。这时，乔治对他们说："这栋房子需要花七千美元重新整修屋顶！"

乔治知道，说出这栋房子屋顶的真相，这笔生意可能因此做不成。果然，这对夫妇一听到修屋顶要花这么多钱，就不肯买了。一个星期之后，乔治得知他们去找了另外一家房地产交易所，花较少的钱买了一栋类似的房子。

乔治的老板听说这笔生意被别人抢走了，非常生气。他把乔治叫到办公室。老板对乔治的解释很不满意，更不高兴他替那一对夫妇的经济条件操心。

"他们并没有问你屋顶的情况！"他咆哮着说，"你没有责任说出屋顶要修，主动说这个情况是愚蠢的！你没有权利说，结果搞坏了事！"于是，他把乔治解雇了。

假如乔治不能正确认识这件事的话，他可能会想："我把实话告诉了那对夫妇，真是做了傻事，我为什么要为别人操心呢？我再也不要那样多嘴，把佣金搞掉了。我可真笨！"

但是，乔治希望做个诚实人——他受到的教育就是要他说实话。他的父亲总是对他说："你同别人一握手，就算是签了合同，讲的话就得算数。如果你想长期做生意，就要讲公道。"乔治最关心的是他的信用，而不是钱。他当时虽然想要把那栋房子卖掉，但绝不肯因此而损及自己的人格。即使丢掉了工作，他仍然坚持自己唯一的做事准则——就是把所有的真相统统说出来。

乔治向他帮过忙的一位亲戚借了些钱，搬到了加利福尼亚州，在那里开了一家小小的房地产交易所。过了几年，他以做生意公道和说老实话出了名。这样做使他丢了不少笔生意，但是人们都知道他靠得住。最后，他终于赢得好名声，生意做得很兴隆，在全国各地设置了营业处。

一个人之所以能拥有很好的人际关系，是因为他的人格魅力征服了身边的人，人们愿意与这样的人成为朋友。你我都一样，都希望能结交诚实、守信、道德高尚的朋友，而不喜欢与小人做朋友。有些人即使与我们偶尔相识，只有一面之交，也能引起我们的注意，使我们喜悦。他们能打动我们，使我们善待他们，原因只有一个——他们拥有良好的道德品质。

台湾的首富王永庆先生9岁丧父,16岁的时候在台湾南部嘉义县开了他人生第一家米店。王永庆的小店开张后没有多少生意,原因是隔壁的日本米店竞争优势明显,而城里的其他米店又拴住了别的顾客。

于是王永庆先生决定降价销售,来吸引顾客。可是当他把米价调到每斗比别人便宜一两块时,他的小店还是没有生意。只有一个人在他那里买米,这个人是他父亲以前的朋友。他对王永庆说:"我之所以买你的米,不是因为你的价钱比别人便宜,而是我相信你父亲的为人。"

此时王永庆的米店遇到了极大的困难,可也就在这时候,店里唯一的顾客还是靠死去的父亲吸引来的这一事实,使他想通了一个问题,那就是:顾客买东西更在乎店主为人,而不是价格。当时的大米加工技术比较落后,出售的大米掺杂着米糠、沙粒和小石头,买卖双方都是见怪不怪。可是王永庆却把他店里卖的所有米中的米糠、沙粒和小石头挑得干干净净,每天他自己都要挑到凌晨一两点钟。这在当地引起了不小的轰动,一来二往,他的米店成为当地生意最红火的米店。

在一个人的事业发展中,如果能够像王永庆一样,拥有良好的德商,就等于为自己的事业打好了坚实的基础。

在社会生活中,人际关系常常表现为一种感情上的联系和心理上的相互吸引。

积极心理学认为:一个人在社会交往中德商越高,建立起来的人际关系就越好,他的朋友就越多,就越能使自己得到温暖、勇气,增加自己的智能和力量。

6.无信不立,别答应你无法兑现的事

顾炎武曾以诗言志,"生来一诺比黄金,那肯风尘负此心",表达自己坚守信用的态度。言必信,行必果,不但是对人的尊重,更是对己的尊重。

"君子一言,驷马难追",讲的是做人要守信。一个不讲信用的人,是为人所不齿的。现在的生意场上,公司、企业做广告做宣传,树立公司、企业在公众中的形象,就是想提高公司、企业的信用度。信用度高了,人们才会相信你,和你有来往,愿意合作生意,你办事也会容易成功。

积极心理学认为:人无信不立。信用是个人的品牌,是办事的无形资本。有形资本失去了还可以重新获得,而无形资本失去了就很难重新获得了。办事再困难也不能透支无形资本。

诸葛亮有一次与司马懿交锋,双方僵持数天,司马懿就是死守阵地,不肯向蜀军发动进攻。诸葛亮为安全起见,派大将姜维、马岱把守险要关口,以防魏军突袭。

这天,长史杨仪到帐中禀报诸葛亮说:"丞相上次规定士兵100天一换班,今已到期,不知是否……"诸葛亮说:"当然,依规定行事,交班。"众士兵听到消息立即收拾行李,准备离开军营。忽然探子报魏军已杀到城下,蜀兵一时慌乱起来。

杨仪说:"魏军来势凶猛,丞相是否把要换班的4万军兵留下,以退敌急用。"诸葛亮摆手说:"不可。我们行军打仗,以信为本,让那些换班的士兵离开营房吧。"众士兵闻言感动不已,纷纷大喊:"丞相如此爱护我们,我们无以报答丞相,决不离开丞相一步。"蜀兵人人振奋,群情激昂,奋勇杀敌,魏军一路溃散,败下阵来。

诸葛亮向来恪守原则,换班的日期来到,即毫不犹豫地交班,就是司马懿来攻城也不违反原则。以信为本,诚信待人,终于换来了他在战场上的胜利。

当朋友托我们给他办事时,我们提供帮助是在情理之中。但是,办事要量力而行,不要做"言过其实"的承诺。因为,诺言能否兑现除了个人努力的问题,还有一个客观条件的因素。平时可以办到的事,由于客观环境变化了,一时又办不到,这种情形是常有的。因此我们在朋友面前不要轻率地许诺,更不能明知办不到还打肿脸充胖子,在朋友面前逞能,许下绝对不能实现的"轻诺"。

当你无法兑现诺言时,不仅得不到朋友的信任,还会失去更多的朋友。

有一个年轻人在银行工作。他过去的老师想开一家公司,却缺少资金,便去问他能不能帮忙贷款。他想:"这是老师第一次找自己帮忙,怎么能拒绝呢?"当即一口答应。可是,他毕竟才刚参加工作,还没有足够的资历,老师的贷款请求又不完全合乎规章,所以,当老师租好门面,请好员工,等着资金开业时,他却拿不出钱来,情况很尴尬。老师大怒,责备他说:"你这不是捉弄我吗?你即使不想帮我,也不该害我!"他什么都说不出来,只好苦笑。

有些人是不好意思拒绝别人而向他人承诺,而有些人则喜欢胡乱吹嘘自己的能力,随随便便向别人夸下海口,承诺自己根本办不到的事情。结果不但事情没有办成,自己的人缘也搞臭了。

某厂职工小方,经常向同事炫耀自己在市房管所的人脉,说自己能办房产证,而且花钱少、办事快。刚开始人们还信以为真,有些急于办理房产证的同事便交钱相托,但时过多日,不见回音,他们问到小方,小方只说:"近来人家事儿太多,再等等。"拖得时间长了,同事们对他的办事能力产生怀疑,便向他要钱,他推脱说:"谋事在人,成事在天。懂不懂?你的事儿虽然没办成,可我该跑的跑了,该请的请了,你不能让我为你掏腰包吧?"言下之意,钱是不还了。

从此以后,小方的话再也没人信了,以至于人们在闲暇聊天时,只要小方往人群里一站,大伙好像有一种默契似的,始而缄默不语,继而纷纷散去。

既然许下诺言,无论刀山火海都不能反悔——你不能言而无信。所以有些不确定时干脆不要轻易向人承诺——不轻易向人许诺你可能办不到的事,这是不失信于人的最好方法。

要获得守信的形象并不容易,最要紧的一条是:别答应你无法兑现的事。这不仅是一个主观上愿不愿意守信的问题,也是一个有无能力兑现的问题。一个人经常答应自己无力完成的事,当然会使别人一次又一次失望了。

7.施恩勿图报,享受付出的快乐

积极心理学认为,一个人是否富有,并不在于他得到多少,拥有多少,而是看他为他人、为社会奉献了多少,因为生命中最重要的不是得到,而是要懂得付出。一个懂得付出的人,才能够懂得快乐的道理。

有这样一个故事:有一位善生长者,一个偶然的机会,他得到了世界上最稀有、最宝贵的旃檀香木做的金色盒子。但善生长者并没有把这个价值连城的宝贝私藏起来,而是到处宣扬说:"我要把这宝贵的东西赠送给世间最贫穷的人。"

于是,很多贫穷的人蜂拥而至,有乞丐、残疾、孤寡等各种受苦的人,他们纷纷向善生长者讲述自己的不幸和生活的艰辛,想要证明自己就是世间最贫穷的人，以便得到这个值钱的宝贝。但善生长者对每一个前来讨宝盒的人说："你还不是世界上最贫穷的人！"

很快全国各地的穷人都来到了善生长者的住地，但善生长者一点儿也没有交出宝盒的意思。于是大家纷纷议论起来："他是没有诚心要把这个金色盒子送给别人。"

善生长者听到大家的议论就出来说道："我告诉你们，世界上最贫穷的人不是别人，他就是我们的国王波斯匿王，他才是世界上最贫穷的人。"

这个消息很快就传到了波斯匿王的耳朵里，波斯匿王非常不高兴："哼！我是一国之君，怎么可以说我是世界上最贫穷的人呢？去，把善生长者给我抓来！"

波斯匿王把善生长者带到收藏珍宝的库房里，问善生长者："你知道这是什么地方吗？"

善生长者说："这是收藏黄金的金库。"

"那个是什么地方呢？"

"那是收藏银子的银库。"

"那是什么地方呢？"

"那是珍藏珠宝的宝库。"

波斯匿王大声责问道："你既然知道我有这么多的财宝，怎么可以在外面散布谣言，说我是世界上最贫穷的人呢？"

善生长者笑道："陛下，您确实有很多财宝，但是您是管理国家的国王，不是管理库房的管家，何必炫耀这些财宝呢？国家的强盛是您的家业，人民的贫富是您的衣裳，百姓的毁誉是您的脸面。您的库房堆满金银，百姓却生活在水深火热之中。您的国家有这么多乞丐、残疾、孤寡等各种受苦的人，是他们让我以为他们的国王也是一个衣衫褴褛、满脸污秽的人。"

波斯匿王满脸惭愧地说："你说得没错。"当即下令，把仓库里的财宝拿出去救济那些穷苦的人。从那以后，波斯匿王不论走到哪里都会受到人民的尊敬和爱戴。

第九章　助人为乐

—— 广结善缘，百事好办

在生活中，收获固然是一种幸福，但付出又何尝不是一种幸福呢？付出时间能够收获希望，付出劳动能够收获果实，付出真心能够收获真情，付出爱心就能够收获整个世界。

从前有个生意人，他忙碌了大半辈子，积累了一大笔钱，可是，他并没有人们想象中的那么快乐，因为无儿无女的他正在发愁如何收藏偌大的家产。他想了很长时间，也想出了很多方法，但无论哪一种都不能让他感到安全，更谈不上快乐。最后，他只好将所有的钱财都系在腰间。

有一天，他路过一个寺院，看到寺院的门前放着一个用金属铸成的大钵，过往的人纷纷都将钱放在这个钵中。他百思不得其解，便向别人询问原因。别人告诉他："这个叫作'公共福田'，如果人们能够真诚布施，就会舍一得万，受益无穷。凡是被放到这里的钱财，都是用来救济穷人的，让众生能够脱离苦海。这个大钵的名字叫'坚牢藏'，只要把金钱放在里面，便不会再受到任何伤害。反之，如果将金钱都放在自己身边，就很可能为自己带来天灾和人祸。"听到这里，这个生意人顿时醒悟："我终于找到可以存放金钱的地方了。"随即便开始高兴地布施。

放眼望去，古今中外，那些闻名于世的大企业家们，无一不是乐善好施的人。他们用余财热心资助慈善、公益事业，但苍天并没有因为他们的乐善好施而使他们变得贫穷，反之，任何时候他们所拥有的都比普通人多，在事业上也有更大更高的回报。

2013年，世界首富比尔·盖茨被美国的财经杂志《福布斯》评为"世界上最乐于慈善事业的人"，他的一生都十分热衷于慈善事业，也正是因为他的乐善好施，他的事业才越做越大。

在中国古代，范蠡便是一位乐善好施的集大成者。两千多年来，人们一直奉范蠡为商业鼻祖，其中的原因除了他宝贵的经济思想之外，更重要的原因是范蠡能"富好行其德"。范蠡一生三次迁徙，每到一地都凭智慧赚钱，曾三掷千金，他赚钱的"秘诀"就是散财,他赚到的钱财皆用来资助亲友乡邻,真可谓是"千金散尽还复来"。

很多人以为自己付出了许多,别人理应也为我们付出,只是就算人们给了回馈,却还是达不到他们的预期,于是从他们嘴里听见的,总还是那一句:"人心现实。"

真的是人心现实,还是我们贪图太多?仔细想想,别人又应当为我们做些什么呢?

人与人的交往互动要少一点计较,把心中的框去除,不要把别人的心也框进你的心里,别忘了这两颗心有着不同的血液细胞,是绝对独立的个体,很难有真正的融合,若是太勉强,一旦发生排斥现象,就会发生不可收拾的后果——例如好朋友最终老死不相往来。

有人说:"每当别人说:'真不好意思麻烦你了,如果你以后需要帮忙的话,我一定义不容辞。'这反而让我更不好意思,其实能付出,代表着我有能力,有余裕,一切都是充足的,开心都来不及了,哪里还会想着麻烦?开心,就是他们给我的最好收获。"

我们不要把人情总挂在嘴上,那样会显得你小气。做足了人情,给够了面子,等别人获得成功再来感谢,但千万不要夸大其词,最好不夸功,甚至假装不记得。

你不认账,并不等于朋友不清楚。你记着我的好处,我记着你的好处,将来怎么办你我心里有数。张扬除了让别人称赞一句"这个人很能干",只会给你带来一些不利,首先得罪了请你办事的朋友,他会觉得你是在众人面前贬低他;其次你会让听的朋友讨厌,人家可能会想:这朋友怎么这样,以后我可不求他,说不定将来也会说出去。

帮了别人,还要管好自己的嘴巴,事情已经过去了,该怎么做还是怎么做,总有一天,真正的朋友会好好回报你。如果对方无意回报,即使你每天对他说一百遍,也无益处。

第十章

生命之乐

——生如夏花之绚烂，死如秋叶之静美

　　虽然人生中有许多不确定的事，但有一件事是确定的，那就是我们每一个人到最后，终究不免一死。把时间拉长，生死、死生是无尽的轮回。如同昨天、今天、明天的无尽延续，前生、今世、来生也是无始无终的联结，而贯穿无尽时间的是当下。积极心理学认为：这一刻是生，但对下一刻的生而言，前一刻的生已然是死。因此，我们应当珍惜当下的时光、珍视生命。

1.看淡生死过往,才能把握人生短长

冰心说:"在快乐中我们要感谢生命,在痛苦中我们也要感谢生命。快乐固然兴奋,苦痛又何尝不美丽?"生命是一束纯净的火焰,面对病痛,我们依靠自己内心看不见的太阳支撑着生命。

积极心理学认为:人的生死就像白天和黑夜一样平常无奇,就如同大自然的花开花落一样。"人生自古谁无死",死是万物新陈代谢的必然结果,是不可抗拒的自然规律。

但是人们又都有希望生存、不愿死亡的愿望。因此,不论古今中外的帝王,还是现代的科学家,大家都在寻找"长生不老药"。当然,这是无济于事的,现在的科学家只能找到抗老防衰、延年益寿的方法,而永远不会找到不死的"灵丹妙药"。

陶渊明是豁达的,乐观的,所以他能以一语道破生死的问题:"亲戚或余悲,他人亦已歌。死去何所道,托体同山阿。"

对于死亡,过度恐惧反而有损身体,明智的态度就是顺其自然、自由自在地生活。只有真正的修炼者,因为洞悉了永恒的真理与生命的真相,会逐步看淡生死,所以对死亡不会心存恐惧。

有生必有死,死亡永远伴随着生,二者相依为命,寸步不离。人的生命同世间一切的生物一样,一旦死亡就不可能再次复生。如果因此而轻视或浪费生命,那也是不可原谅的错误。在死神召唤之前,我们还应充实地过好每一天。

莎士比亚一段名言,足以令人回味:"懦夫在未死以前,就已经死过好多次;勇士一生只死一次。在我所听到过的一切怪事之中,人们的贪生怕死是一件最奇怪的事情,因为死本来是一个人避免不了的结局,它要来的时候谁也不能叫它不来。"

积极心理学认为：每个人都要顺其自然，正确对待死亡，把死亡看成是人生的必然"归宿"。即使面对死亡，也不要悲观，无须惊骇，顺其自然，处之泰然。既然死亡不可避免，就应该在有限的岁月里，让生活充满阳光。

2.当下是给生命最好的礼物

哲学历来重视探讨生的来源及死的归宿。作为生命的科学，人生的智慧，对于生死问题，不但有深刻的研究，还有解决的方法。

积极心理学认为：人生的问题很多，但如果给予高度概括，那便不外"生死"二字了。通常人们关心生活，然而，生活只是生的一部分。

死对人来说，是无法回避的，生的末端便是死。谁不想长命百岁？但人活百岁终要死，世上没有长生不老药。当然，对死亡怀有恐惧并不奇怪，人一死，便会失去生活给他的各种美好事物。但一个人，如果你经历过人世沧桑，活着时尽职尽责地工作，没有虚度时光，那就应该死而无憾了。死亡是人生的终结，如同旅途的一个驿站。正像法国作家雨果临终前说的那样："生命的旅行，总有结束的时候，我该休息了。"

英国著名哲学家、散文家罗素对生死的理解很形象：每个人的人生都应该像河水一样，开始是细小的，流在狭窄的两岸之间，然后，热烈地冲过巨石，滑下瀑布。渐渐地，河道变宽了，河岸扩展了，河水流得更平稳了。最后河水流入海洋，不再有明显的间断和停顿，而后毫无痛苦地摆脱了自身的存在。

能这样理解自己一生的人，将不会因害怕死亡而痛苦，因为他们所珍爱的一切都将存在下去。

　　如果我们都能像罗素那样，把人生比作河水，不知不觉地融入大海，毫无痛苦地失去自身的存在，那就不会感到死的恐惧了。当死亡来临之际，坦然面对死亡，把它当作生命过程里的一个环节。像雨果那样，临终轻松地说："我该休息了！"

　　圣严法师说："人活着不过是在一呼一吸之间，呼吸在，所以你一切都在。"

　　日本知名作家村上春树也说："死亡并不是生命的反义词，它是生命的一部分。"

　　禅宗还有句名言："大死一番，再活现成。"

　　倘若不以身体作为死亡的依据，人的一生当中，总是要面临无数次死亡与重生的体验——大多数的人，终其一生，费尽心思追寻的是：得不到的财富、不确定的爱情、过眼云烟的名利，却很少有人能够停下来想一想，要如何正视终须面对的死亡。生死其实是同一件事的两面，生时不能无忧，临死必将慌乱。

　　人生是一连串的未知、不确定，唯一可以确定的就是"死亡"，但却也是人们最难以接受的事实。悲恸、号啕与怨天尤人都于事无补，唯有坦然接受，好好准备。

　　然而，我们准备好了吗？

　　人的一生之中，有许多不如意的事，死亡无疑是不如意中最不如意的一桩。死亡和我们生命中所经历的失败或者失去是一样的，都令人感到无比沮丧，尤其是面对自己或亲友终将死亡的事实时，更是难以接受。

　　死亡，是很多人的忌讳，但是，谁又能决定死亡？死亡，到底教会了我们什么？面对生死，恐惧是多余的，唯有面对。面对"有生必有死"的必然现象。

　　在《杂阿含经》卷三十三中，佛陀以四种良马譬喻众生的根器。认为最利根的人听闻老病死苦，心中便会生出警惕，依正法思维而调伏身心，有如上等的良马见鞭影即知行进的方向。比较次等根器的人，则是在见到邻里有人受老病死苦时，便心生警惕而发心修行，这样的人有如次等良马，虽然不能在睹见鞭影时即知前进,但只经鞭杖轻触毛尾后,便知如何行走。第三等善根的人,则是要见到自己亲近的人深受老病死苦时,方才惊觉而发心修行,就如第三等良马,要等鞭杖轻抽,肌体微疼后,才知策进。第四种人,则要自己身遭老病死苦的折磨之后,才能认真面对生命的苦恼,犹如拉车的马虽经鞭子抽打仍不知策进,非得以铁锥刺身,彻肤伤骨之后才惊觉,进而"牵车着路,随御者心,迟速左右"。至于顽劣难以教化的劣马,则是伸颈狂嘶,作势噬人,前脚跪地,后脚踢人,不愿就轭,即或受轭,稍受鞭杖,便断缰折勒,纵横驰走。

前生已逝,未来未到,这都不是我们可以掌握的;唯有每一个现在,是我们可以把握得住的。因此,我们不必因为终将死亡而变得消极,也不必因为今生的不美满而寄望来世。把握"当下"的生活态度,其实就已决定我们的幸福与悲哀了。

在每一刻的现在,学习努力,并在每一刻的当下练习"为而不有,善而不居",那么,每一刻都将是圆满的结束,也就是崭新的开始。

孔子的学生季路问孔子:"敢问死?"

子曰:"未知生,焉知死。"

也许,在了解死亡的意义之前,要先知道怎么活。

在现实的世界里,不必以生死命题来钻牛角尖,也无须在虚幻中迷失自己。因为,人生是永远的舍弃和永远的追求。我们无法预知死亡,唯一所能做的就是活在现在、活在当下。

积极心理学家说:当下,就是生命最好的礼物。

"生如夏花之绚烂,死如秋叶之静美",这是生的境界,也是死的境界。我们是心存希冀,痛苦地生存,还是快乐地死亡,让尊严归于尘土?

3.无所事事的日子,是对生命的辜负

我们都太无聊了,以至于终日不知道该做些什么,该有什么样的小目标。就在弹指一挥间浪费自己的时间,辜负自己的生命。

"好无聊啊""真没意思,不知道干什么"这些讯息是不是经常从你的嘴里说出?在说这些话的时候,你有没有为自己列一个表,有没有做过一道计算题?现在,让数字来告诉你——

假如一个人能活100年,睡眠30年,吃饭10年,穿衣梳洗打扮7年,走路旅游堵车7年,打电话1年半,打电话没人接1年零10个月,看电视4年,上网12年,找东西1年零8个月,购物1年半,年少前成家后又生育孩子去掉5年,闲谈70天,擤鼻涕剪指甲8天,发呆25天,最后剩余时间为10年。10年我们如何过?

你还会嫌弃时间足够充裕不知道做什么吗?还会在那里感叹无聊吗?每一个不曾起舞的日子,都是对生命的辜负!尼采的这句话道理实在发人警醒,令人深思。

岳飞在《满江红》里曾说过:"莫等闲,白了少年头,空悲切。"如果你总觉得日子很无聊,只好靠去饭店、网吧、游戏厅、KTV等这些场所来打发,真的应该好好想一想,我们究竟为了什么活着?汪国真说:"这是一个古老而又总是富有新意的问题。我不知道别人为什么活着,我活着的目的很简单:不辜负生命。"

什么叫不辜负生命?珍惜时间就是不辜负生命。一个会白白浪费一小时的人,就不懂得生命的价值。

一天,生病的达尔文坐在藤椅上晒太阳,面容憔悴,精神不振。一个年轻人路过达尔文的面前。当他知道面前这个衰弱的老人就是写了著名的《物种起源》

等作品的达尔文时，不禁惊异地问道："达尔文先生，您身体这样衰弱，常常生病，怎么能做出那么多事情呢？"达尔文回答说："我从来不认为半小时是微不足道的很小的一段时间。"

在这个世界上，你真正拥有，而且极度需要的只有时间，时间在生命中是如此重要，而许多人却日复一日花费大量的时间去做无聊的事。

丧失的财富可以通过厉兵秣马、东山再起而赚回；忘掉的知识可以通过卧薪尝胆、勤奋努力而复归；失去的健康可以通过合理的饮食和医疗保健来改善；而唯有我们的时间，流失了就永远不会再回来，无法追寻。

法国著名科普作家凡尔纳每天早上5点钟就会起床，然后一直伏案写到晚上8点。在这15个小时中，他通常只在吃饭时休息片刻。但是他并不会与家人坐在一起吃饭，通常都是妻子给他送到写作的地方，他搓搓酸胀的手，拿起刀叉，以最快的速度填饱肚子，抹抹嘴，就又拿起笔。

他的妻子看他如此辛苦，就非常心疼地问："你写的书已不少了，为什么还抓得那么紧？"凡尔纳笑着说："你记得莎士比亚的名言吗？'放弃时间的人，时间也放弃他。'哪能不抓紧呢？"

在40多年的写作生涯中，凡尔纳记了上万册笔记，写了104部科幻小说，共有七八百万字，这是一个相当惊人的数字！一些感到惊异的人就悄悄地询问凡尔纳的妻子，想打听凡尔纳取得如此惊人成就的秘诀。凡尔纳的妻子坦然地说："秘密嘛，就是凡尔纳从不放弃时间。"

富兰克林，美国著名的科学家，《独立宣言》的起草人之一，曾经有人问他："你怎么能够做那么多的事情呢？"

富兰克林笑笑说："你看一看我的时间表就知道了。"让我们一起来看看他的时间表吧：

5点起床，规划一天的事务，并自问："我这一天要做好什么事？"

8点至11点，14点至17点，工作。

12点至13点,阅读、吃午饭。

18点至21点,吃晚饭、谈话、娱乐、回顾一天的工作,并自问:"我今天做好了什么事?"

朋友劝富兰克林说:"天天如此,是不是过于……"

"你热爱生命吗?"富兰克林摆摆手,打断了朋友的谈话,说,"那么,别浪费时间,因为时间是组成生命的材料。"

生命有限,然而,大部分的人却活得单调乏味,过着俗不可耐的日子。美国著名作家芭芭拉·安吉丽思曾语重心长地说了这么一段话:"活着的时候,最好能记住:死亡即将来到,而我们不知道它降临的确切时间。这能让我们随时保持警觉,提醒我们趁着机会还在,要尽情地活着。"

有时候想想十年前的事情,仿佛就发生在昨天,可十年一晃就过了,而我们的一生又有几个十年呢?你现在要做的事情很多,前进、跌倒、受伤……我们永远不会感到无聊,也许我们不能使时光流逝的脚步放慢,但是我们可以珍惜时间,不辜负这一遭生命。

4.倘若心存感恩,冬雪也能化春雨

积极心理学认为:生命的整体是相互依存的,每一样东西都要依赖其他东西。人自从有了生命,便沉浸在恩惠的海洋里。

传说,有个寺院的主持,给寺院里立下了一个特别的规矩:每到年底,寺里的和尚都要面对主持说两个字。第一年年底，主持问新和尚心里最想说什么，新和尚说："床硬。"第二年年底，主持又问新和尚心里最想说什么，新和尚说："食劣。"第三年年底，新和尚没等主持提问，就说："告辞。"主持望着新和尚的背影自言自语地说："心中有魔，难成正果。可惜！可惜！"

住持说的"魔"，就是新和尚心里没完没了的抱怨。这个新和尚只考虑自己要什么，却从来没有想过别人给过他什么。像新和尚这样的人在现实生活中很多，他们这也看不惯，那也不如意，怨气冲天，牢骚满腹，总觉得别人欠他的，社会欠他的，从来感觉不到别人和社会对他的生活所做的一切。这种人心里只会产生抱怨，不会产生感恩。

两个行走在沙漠的旅人，已行走多日，在他们口渴难忍的时候，碰见一个吆喝骆驼的老人，老人给了他们每人半瓷碗水。两个人面对同样的半碗水，一个抱怨水太少，不足以消解他身体的饥渴，抱怨之下竟将半碗水泼掉了；另一个也知道这半碗水不能完全解除身体的饥渴，但他却拥有一种发自心底的感恩，并且怀着这份感恩的心情，喝下了这半碗水。结果，前者因为拒绝这半碗水死在沙漠之中，后者因为喝了这半碗水，终于走出了沙漠。

这个故事告诉人们，对生活怀有一颗感恩之心的人，即使遇上再大的灾难，也能熬过去。感恩者遇上祸，祸也能变成福，而那些常常抱怨生活的人，即使遇上了福，福也会变成祸。

这是发生在南部偏远山区的一个真实故事。故事的主人公是贫困山区的一个女孩。她有幸考上重点大学，不幸的是父亲在她进校不久，遇上了车祸身亡，家中无力供她上学，在她准备退学回家时，社会送来了关怀，老师和同学也慷慨捐款捐物。她对大家的赠物，舍不得使用，藏在箱子里。每天打开箱子看看这些赠物，就想到自己周围有那么多的关怀、爱心，心中就不由产生出一种感激之情。这种感激之情又驱使她去战胜困难,顽强拼搏。这个在物质上贫困的女孩,变成了一个精神的富有者。她心怀感恩,终于读完了大学,还以优异的成绩留学美国。她说:"大家给我的一切,是我的精神财富,永远留在我的心里。我要努力学好本领,回报祖国,回报父老乡亲。"人有了感恩之心,就像这位女孩,生命会时时得到滋润,并时时闪烁纯净的光芒。

无论是父母的养育,师长的教诲,配偶的关爱,还是他人的服务,大自然的慷慨赐予……人自从有了生命,便沉浸在恩惠的海洋里。

一个人真正明白了这个道理,就会感恩大自然的福佑,感恩父母的养育,感恩社会的安定,感恩饭食之香甜,感恩衣袍之温暖,感恩花草鱼虫,感恩苦难逆境,就连自己的敌人,也不忘感恩。因为真正促使自己成功,使自己变得机智勇敢、豁达大度的,不是优裕和顺境,而往往是那些可以置自己于死地的打击、挫折和对立面。

挪威著名的剧作家易卜生把自己的对手瑞典剧作家斯特林堡的画像放在桌子上,一边写作,一边看着画像,从而激励自己。易卜生说:"他是我的死对头,但我不去伤害他,把他放在桌子上,让他看着我写作。"据说,易卜生就是在对手画像的关注下,完成了《社会支柱》《玩偶之家》等世界戏剧文化中的经典之作。

积极心理学说,世界上最大的悲剧和不幸就是一个人大言不惭地说:"没人给过我任何东西。"

人能不忘感恩,人与人、人与自然、人与社会也会变得更加和谐,更加亲切,我们自身也会因为这种感恩心理的存在而变得愉快和健康起来。说它是滋润生命的营养素,一点也不过分。

5.你无须驱除孤独,只要学会爱自己

在人群中比独自一人更加孤独。的确,有时候一群人在一起打打闹闹,孤独的感觉却比一个人的时候还要强烈。因为你与周围的人格格不入,无法进入那种热烈的气氛里面,在这种热烈气氛的映衬下,你觉得自己更加孤独。而一个人的时候,海阔天空的遐想,反而没怎么觉得孤独。

积极心理学认为:要真正爱自己,依靠自己的力量,埋头于某件事中,靠自己的双脚,朝着高处的目标行进。虽然会有痛苦,但那是心灵成长的痛。

可见,呼朋唤友,置身于喧嚣之中,并不是驱除孤独的方法。

唯一的方法是哲学家说的:"真正爱自己,依靠自己的力量。"

我们只有凭借体内自有的韧性和生命力去战胜经常驾临的孤独感。能和自己做朋友,这才是自由的胜利。这个朋友永远在你身边,无论你落魄还是发达,开心还是难过,他都在你身边,鞭策你、激励你、安慰你。

有人曾问斯多葛学派的创始人芝诺:"谁是你的朋友?"

他说:"另一个自我。"

人生于世,不能没有朋友。但在所有的朋友中,我们最不能忽略的一个朋友是自己。

能不能和自己做朋友,关键在于他有没有芝诺所说的"另一个自我"。这另一个自我,实际上就是一个更高的自我,同等重要的是你对这个自我的态度。

有些人不爱自己,常常自怨自叹,如同自己的仇人;有的人爱自己而缺乏理性,过分自恋,如同自己的情人。在这两种情况下,另一个自我都是缺席的。

成为自己的朋友,这是人生很高的成就。古罗马哲人塞涅卡说,这样的人一定是全人类的朋友。法国作家蒙田说,这比攻城治国更了不起。

和自己做朋友,就要真正爱自己。

ELLE杂志法国版曾经做过一项调查——"假如我们对你的恋人或丈夫做一次采访,那你最想从他们的嘴里知道些什么?"被调查者都不约而同地回答:"他还爱我吗?"

他还爱我!这就是多数人想从恋人那里得到的答案,其中女性占多数。

而我们想问的问题却是:"你还爱自己么?"

也许你会说,谁不爱自己呢?是的,没有谁不爱自己,但真正是不是、会不会爱自己,却值得我们讨论。比如说,你每天为自己真正预留了多少专属自己的时光,没有动机、没有功利、没有交换,只是让自己充分自在地舒展开来,感受着自己,感知到自己?

在更多的时间里,你恐怕都忙于应付各种需要了:为家庭,为工作,为孩子……即使在一人独处不需要应酬谁时,你是不是也常会忘记要应酬自己?而依然在行为上或者脑子里惯性地应酬着这个或那个,或者鞭策自己,去充电,恶补情商或者管理之道?

这些都不是真正爱自己的表现,都不能真正地滋养自己。爱自己,不是以物质贿赂自己——一掷千金并不见得是犒赏了自己;不是拿成就激励自己——成功也不见得能喂饱你;当然更不是以别人的眼光或者标准苛求自己,别人都满意了你却不一定能够满意。

爱自己就是对自己的欣赏和喜欢,因为这个世界上你是独一无二的,你就是这个世界的唯一。

爱自己,并不是盲目自恋,而是能够认识到自己的缺点,坦然地接受自己的一切,不管是优点还是缺点。真心爱自己的人懂得快乐的秘密不在于获得更多,而是珍惜所拥有的一切。你会觉得自己是那样地受上天的恩宠,是那样幸福地生活在这个世界。这是一份难得的乐观心境,更是快乐的始点。具有这样的心境的人,无论是对生活、环境,还是对周围的亲人、朋友,都会自然流露出一股喜悦之情，感动自己，影响他人。

爱自己，和另一个自我做朋友，你才能真正远离孤独。

当然，这绝不是推崇我们去垒一道墙，躲在里面，拒绝关心与问候，而是要你学会和内心的另一个自我相处。这样，你就能成长为一棵独立的大树，而不是缠绕在别人身上依赖别人营养的藤蔓。大树的枝丫可以在空中恣意摇曳、伸展，没有固定的姿态，却有一种从容，一种得心应手的自信。

哲学家尼采在《查拉图斯特拉如是说》中说："你在内心深处很清楚即使你身在人群之中，你也是跟一群陌生人在一起。对你自己来说你也是个陌生人。"如果你和自己都是陌生人，即使朋友遍天下，也只是徒增热闹而已，你的内心仍然是孤独的。

积极心理学家提醒，身边多一些朋友，也许可以让你远离形单影只，却难以消除你内心的孤独感。就像金钱可以帮你打发空虚，却无力填充你的孤独。孤独感是心灵深处盛开的罂粟，让你和自己的灵魂对饮。如果你懂得爱自己，善待自己，别人就容易看到你的魅力，会称赞你，你会从这些赞扬中得到更多的自信，你也就会活得越发光彩，永远保持对生活的热情，这是个良性循环。

6.主动调整心情，保持阳光心态

有些时候，我们可能正在做一件很熟悉而令人愉快的事。事情进展很顺利，你的心情也异常轻松、如意，觉得一切都很好。可是，一个偶然的现象或者一闪而过的某个念头，突然使你想起了一件伤心的往事，你的心情在一瞬间便低落下来。

接下来你的情绪越来越不好,心里总是想一些令你感到失落的事。你想避开这种想法,可是不行,越是想忘掉的事,越是清晰,还反复浮现在你的脑际。这时候,你手里做的事随之放缓,手脚变得不听使唤,明明很熟悉简单的事,你却怎么也做不好。

每个人都会遇到类似的状况,在人的一生当中,更是经常出现这种莫名其妙的低沉、失落感。有时它持续很长一段时间,甚至使你从此再也无法振作起来。很多人对此无可奈何,找不出原因是什么。

但事实上,这种事并不奇怪,只是我们不大引起注意罢了。

积极心理学建议:人要使自己在成功后仍然保持昂扬的斗志,长久保持旺盛的战斗力。就要善于在人生的各个阶段不断调整自己,使自己适应不断出现的新情况。

再举一例,有一个本领高强、以实力压倒群雄的运动选手,他技巧熟练,几乎已找不到对手,简直不知失败为何物。每个人都以他为话题,他的成功与胜利仿佛将永远持续下去。但是,想不到有一天他竟突然失去获胜的力量,以致名声也突然下降。熟悉他的人都找不到原因,而外界的人们更是感到莫名奇怪,议论纷纷。

在1982年西班牙世界杯足球赛中,为自己的球队赢得胜利的明星球员——意大利队的著名前锋保罗·罗西,他身怀高超的球技,是非常优秀的选手,可是在世界杯以后短短的二三年内就被众人遗忘。原因是什么谁也说不清楚,然而事实就是如此,保罗·罗西从球场上消失了。先被普拉蒂尼取代,然后是马拉多纳。

为什么有些人一下子就消失得无影无踪,有人却经过多年之后仍旧保有其地位,依然才能出众、备受瞩目?他与其他人有何差异?是身体的构造不同?还是能在心灵、精神、企图心等方面,找出其间的差异?或者说,是一种保持状态的能力在起作用?

实际上，这正是我们应该注意的方向，也就是一个人内心的状态以及企图心。

以拿破仑为例，他出身于法国科西嘉岛上的贫困家庭，拥有坚强不屈的意志，甚至能够控制自己的肉体，视情况需要调整睡眠时间。但是，拿破仑后来也脱离现实，自认为已立于不败之地，把自己看成了神。他忘记成功是由许多条件与历史因素(亦即当时人们对革命的信仰、基层士兵的欲望、欧洲各国民心一致)所造成的，于是走向衰败。如果他有更深的教养，能够倾听别人的声音并加以反省，能够不断提醒自己不要忘乎所以，或许就可以免于如此快速地走向没落。

实际上，所有的人都是如此。我们每个人的内心深处都隐藏着想要解放的欲望，这正是驱策我们向前走的强烈动机。但是，我们一旦在事业、恋爱、艺术、学术等方面获得成功，就容易忘掉是什么原因或靠谁的帮忙才得以成功，就容易放松自己的企图心。

积极心理学认为：如何适时地调整自己的状态，以使自己适应人生中各种时期和各种可能出现的意外，是生命中最重要的课题之一。

比如一名作家，在某一段时期里，他会感到有着非常强烈的创作欲望，不断地写出脍炙人口的作品来。在写作时，他会觉得思路很顺畅，文字像要从脑海里蹦出来一样。这时候他写的东西，优美感人，人物形象栩栩如生，使人读起来不忍释手。

可是，突然有一天，或者在他付出艰辛努力终于写完一个长篇，正感到浑身轻松，然后预备写下一个长篇小说之时，他突然发现自己怎么也写不出东西来了。尽管挖空心思，却收效不大，写出来的作品连自己也看不过去。这种情况同我们之前所述一样，作家忽然找不到感觉了，但却不明白这是什么道理。

实际上，这是他的状态出现了问题。当然，这同受外界的诱惑而导致的松懈完全不同，而这种状况又往往令人不明不白，难以找到具体的原因。

但这并非绝对不可扭转的，关键是不论在何种状况下，我们都应对自己的环境、心态、工作性质及周围的人的因素有个明确的了解，适当加以调整自己的情绪，改变一成不变的工作方法。这样，才可能使自己重新找到良好的状态，保持不断进取的势头。

以上的那位作家，是因为工作太投入太紧张和后来突然松懈形成了反差，形成心理上的疲软和过度紧张。这时候，他只要走出家门，放松自己，去大自然走一走，在一段时间完全不想写作上的事，等再次提笔时，他会发现自己的灵感恢复如初，写作起来异常顺利了。

这是调整状态的一种方法，即转移注意力。我们在连续工作和过度紧张的情况下，就容易造成工作效率及心理情绪的低下，因此有必要转移注意力，让自己的身体和心灵都得到休息、恢复。

而对于另一种人来说，情况则完全与此相反。这种人是在取得一定的成功后，变得自大、骄傲、自以为是，从而自然放松了进取的主动性和积极性。

他们很满足于已经取得的成绩，认为自己用不着再像从前一样艰苦努力和辛勤劳作。因此他们开始讲究享受，个性也变得狂傲不羁，颐指气使，高高在上。但是这种日子不会持续太久，到他们突然发现自己坐吃山空，需要重新创业时，他们会惊慌失措，迫不及待地重操旧业。

显然，这时候他们已找不到当初劲头十足、游刃有余的感觉，做什么事都会磕磕绊绊，极不顺利。这当然是由于身心的懈怠所致。

善于调整心态的人不会允许自己出现这种松懈。不管取得了什么样的成就，他们都能正确面对，心神宁静。他们不会为任何的成功沾沾自喜，忘记了追求成功的艰辛和困苦，也不会为一时的挫折垂头丧气，失去了重新战斗的勇气。只有这种人，才不会被历史的洪流所埋没、冲走，消失得无影无踪。

积极心理学建议我们，要不断调整自己的人生航向，使之在安全、正确的航道上高速前进，一直到达理想的彼岸。

7.接纳生活就是爱护自己

　　人生最大的痛苦莫过于跟自己过不去，一个人过得幸福与否，完全取决于自己对待生活的态度。当你不能接纳生活、接纳自己时，你就会感觉生活就是无边的苦海，人生就是煎熬。

　　积极心理学家这样说：接纳我们的生活吧，并接纳生活给予我们的一切，接纳生活就等于是接纳自己。

　　总是对生活不满和抱怨的人，大都因为不能接纳自己。常言说得好，人生不如意者十之八九，人生道路怎可能一帆风顺？生活总会有酸甜苦辣、喜怒哀乐，尤其是现代生活，压力空前巨大，处处可以听到牢骚和痛骂的声音，仿佛对这样的生活充满了仇恨，恨不能飞到外星球，与这样的生活一刀两断！

　　可是，这样排斥生活只能让我们更痛苦，同时，也让我们对自己越来越不满意。"为什么我处处不如别人？！"这是很多人的心声。是啊，我们可能没有一个好爸爸、没有高学历、没有钱、没有漂亮的脸蛋、没有聪明的大脑、没有好工作、没有好运气、没有房子、没有对象……当我们不能肯定自己，只能用权势、虚荣、占有来满足自己时，就会显得非常脆弱，非常容易被蒙蔽，非常容易在这个物欲横流的世界迷失自己。

　　面对生活中的财富，我们可以去尽情享受，开阔眼界，陶冶性情，饱览世界风情，过上充实的生活。可是我们大部分人没有这样的条件，我们的生活困窘，不能去享受富足的生活。但是这并不意味着我们的生活就很糟糕，我们同样有追求幸福生活的权利。当我们感到生活的贫乏时，要学会去探寻生活的艺术，也要学会思考，不要把思维局限在一个框框里，这样我们就会发现，生活其实很动人，只是我们被偏见蒙蔽了眼睛。

　　《庄子》里有一段动人的故事。子祀和子舆是一对非常要好的好朋友。有一天，子舆突发疾病，作为好朋友，子祀前去探望。面对子祀的安慰，子舆说："上天竟把我变成了这副模样：驼背，背上的伤口流脓，肩部比头颅还高，颈椎弯曲像朝天隆起的赘瘤，下巴都长到肚脐下面去了。"

　　子舆是因为感染了阴阳不调的邪气，所以才变成上面他所说的那副怪模样。但是子舆没有指天骂地，还颇为自得地一步步走到井边，从井里看自己现在的这副样子，又开自己的玩笑说："哎哟！上天把我变成这副滑稽的模样呢！"

　　子祀有些担心，就问："你是不是讨厌这种病？"子舆说："不，我不讨厌，我为什么要讨厌这种病？如果我的左臂变成一只鸡，那我便用它报晓；如果我的右臂变成弹弓，那我便用它去打斑鸠烤野味吃；如果我的尾椎骨变成车，那我的精神就变成马，这样我就能四处遨游，无须另备马车了。得是时机，失是顺应，如果人能安于时机并能顺应变化，那无论是喜是悲都不能侵犯心神，这就是所谓的'解脱'。如果人不能自我解脱，就会被外物所奴役束缚。物不能胜天，这是事实，当我不能改变它时，我为什么不接纳它呢？"

　　这则故事，真是道尽了生活的智慧。人必须接纳生活，"安于时机并能顺应变化"，才能好好地生活，才能让心神不受侵犯。看看子舆的态度，对自己丑陋的外表非但没有怨天尤人，反而幽默起来，调侃自己，甚至对自己欣赏起来。所以说，人唯有接纳生活，接纳自己，感情和理智才不矛盾，才不会造成烦恼。

　　接纳自己不是划地自限，而是认清自己。每个人都有优点和缺点，有其特有的能力、经验和机遇，只有能接纳自己，生活才可能变得朝气蓬勃，只有接纳才有喜悦，才知道痛下针砭。否则，就等于是在否定生活，否定自己，那样很容易迷失自己，会在生活上感到空虚和无奈。

　　在现实生活中，不管遇到什么挫折都要接纳自己，当你遇到生活的不如意时，多想想自己的优点。一个懂得接纳生活、接纳自己的人，会把握住自己的做人准则，以自己的言行塑造自己的人生。

在一个不大的小镇上，有一个退伍军人，他少了一条腿，只能拄着一根拐杖走路。一天，他一跛一跛地走过镇上的马路，过往的人都带着同情的语气说："你看这个可怜的家伙，难道他要向上帝祈求再有一条腿吗？"退伍军人听到了人们的窃窃私语，他便转过身对他们说："我不是要向上帝祈求再有一条腿，而是要祈求上帝帮助我，让我失去一条腿后，也知道该如何把日子过下去。"

人生最大的痛苦莫过于跟自己过不去，一个人的生活幸福与否，完全取决于自己对待生活的态度。当你不能接纳生活、接纳自己时，你就会感觉生活就是无边的苦海，人生就是煎熬。相反，如果你能保持良好的心态，接纳现实的生活和自己，你就会发现生活中的每一天都充满了阳光！

正如印度的哲学家奥修所说："学习如何原谅自己。不要太无情，不要反对自己。那么你会像一朵花，在开放的过程中，将吸引别的花朵。"

8.不固守无意的执着，不做一成不变的人

过去的自己所坚信的真相，现在竟成了错误。过去的自己所坚持的信条，现在也发生了变化。别担心，这并非因为你年少无知，见识浅薄，不经世事。对当时的你而言，这样的想法是必要的。对当时那个层次的你来说，那是真相，也是信条。

积极心理学认为:世界总是在变化,而我们随着成长、成熟也在改变。

很久不见的老朋友在见面后却没有了当年的感觉,于是会唏嘘感慨:你变了。

很好的朋友因为一件事发生分歧,他忽然对你说:看看你变成什么样子了!

从刚进公司为大家端茶送水随意差遣,到了后来成为公司的高管,那些以前的好友会有人衷心地祝贺你为你高兴,也会有人惺惺作态地对你说:"你真的变了,以前的你不是这样子的。以前的你单纯美好,现在的你为了生意想尽办法费尽心机,变得面目全非,我不认识你了。"

很多人不曾看见过程就武断地告诉你:你变了!

那么,你在意吗?你觉得心酸吗?或许我们忽然发现自己念念不忘一直所坚持的东西是错误的,或许我们曾经喜欢、偏执的感情到了后来就成为一种怀念,也或许我们也变得与原来的自己渐行渐远……

世界上根本就不存在一成不变的人,静止是相对的,也许有人认为时间没有太大的变化,那是因为时间在跑,而我们也在跟时间赛跑,所以怎么可能没有改变呢?

90高龄的史密斯夫人在丈夫去世后双腿不再灵便,渐渐地生活不能自理,但是她依然注重仪表:每天早晨六点半起床,8点钟前穿戴完毕,头发做成时髦的样式,精心化妆一番。

后来她就得依靠轮椅行走,在住进敬老院的那一天,老人们的心情都显得很沉重,史密斯夫人耐心地在大厅等候了数小时,当有人告诉她,她的房间已经准备好了的时候,她微笑了,脸上的皱纹都显得温和。

在前往房间的路上,护士温声细语地对史密斯夫人描述她的新房间,有一张舒适的床、梳妆台、漂亮的窗帘……没等护士说完,史密斯夫人就开心地说:"谢谢,我很喜欢我的房间。"

"可是史密斯夫人,您还没有看到您的房间……"

"这和看不看没有什么关系,"史密斯夫人回答,"我喜不喜欢这个房间其实

第十章　生命之乐
——生如夏花之绚烂，死如秋叶之静美

在我看来不在于它的格局和家具是怎样的，而是不管它怎么样我都决定要喜欢它。这也是我每天早晨醒来后做的决定：假如我一再沉沦在这些变化中，跟不上节拍，那每天都有很多事情让我一一感伤。我可以以泪洗面，琢磨着我身体的哪一部分又不灵便了，因此给我带来这样那样的困难；琢磨着那些已经离我而去的人，没有了他们我又该怎样的悲伤。可是我不。我选择接受。每天睁开眼睛的时候都觉得每一天都是恩赐，我对每一个早上都心怀感激，不管我再怎么变化，我还是很爱我自己和这个世界，不去想那些已发生在我身上的事情，而是专注于现在的事情，所以我很坦然。"

是的，也许你变得没有小时候可爱了，也许你变得没有读书的时候单纯了，也许你变得没有初入职场时青涩了，也许你变得没有恋爱时温柔体贴了……当你变得不再被自己喜欢，变得世俗，变得不再健康，从此不再开心，难道就要这样过下去吗？

只要被赋予了生命，我们的身体机能每时每刻就在发生变化，疾病的突袭是变化，身体的强健也是变化；变得越来越漂亮是变化，变得越来越老也是变化。不管你如何抗拒，这些都是实实在在已经发生的变化，只有选择了接受，才可以面对，才可以更好地生活。

所以，很多事情是回不去的，只要你现在做的事情得到自己的肯定，就不要回头，"你变了"没什么可怕，人总在脱胎换骨，或者作为一个整体更新换代，不断朝新的人生迈进。